Nízkosacharidová Kuchárka

Chuťové Poklady s Malým Množstvom Sacharidov

Petra Kováčová

Zhrnutie

Úvod

Chcete urobiť zmenu vo svojom živote? Chcete sa stať zdravším človekom, ktorý si môže užívať nový a lepší život? Potom ste určite na správnom mieste. Chystáte sa objaviť úžasnú a veľmi zdravú stravu, ktorá zmenila milióny životov. Hovoríme o ketogénnej diéte, životnom štýle, ktorý vás zhypnotizuje a spraví z vás za chvíľu nového človeka.

Poďme sa teda pohodlne usadiť, relaxovať a zistiť viac o ketogénnej diéte.

Keto diéta má nízky obsah sacharidov. Toto je prvá a jedna z najdôležitejších vecí, ktoré by ste teraz mali. Počas takejto diéty vaše telo produkuje ketóny v pečeni a tie sa využívajú ako energia. Vaše telo bude produkovať menej inzulínu a glukózy a navodí sa stav ketózy.

Ketóza je prirodzený proces, ktorý nastáva, keď je náš príjem potravy nižší ako normálne. Telo sa tomuto stavu čoskoro prispôsobí a preto sa vám podarí schudnúť vo veľmi krátkom čase, no stanete sa aj zdravšími a zlepší sa vaša fyzická a duševná výkonnosť.

Zlepší sa vám hladina cukru v krvi a nebudete mať predispozíciu
na cukrovku.

Okrem toho, ak budete dodržiavať ketogénnu diétu, môžete
predísť epilepsii a srdcovým ochoreniam.

Váš cholesterol sa čoskoro zlepší a vy sa budete cítiť skvele.

Ako sa vám to pozdáva?

Ketogénna diéta je jednoduchá a ľahko sa dodržiava, ak budete
dodržiavať niekoľko jednoduchých pravidiel. Nie je potrebné robiť
žiadne veľké zmeny, no je niekoľko vecí, ktoré by ste mali vedieť.
Takže, tu to je!

Teraz začnime našu magickú kulinársku cestu!
Ketogénny životný štýl... už sme tu!
Užite si to!

Lahodná pečená klobása

Dnes večer je to veľmi jednoduché urobiť doma!

Čas prípravy: 10 minút

Čas varenia: 1 hodina

Porcie: 6

Ingrediencie:

- 3 červené papriky, nakrájané
- 2 libry talianskej bravčovej klobásy, nakrájanej na plátky
- Soľ a čierne korenie podľa chuti
- 2 libry Portobello šampiňónov, nakrájané na plátky
- 2 sladké cibule, nakrájané
- 1 polievková lyžica zavaru
- Kvapka olivového oleja

Inštrukcie:

1. V pekáči zmiešame plátky klobásy s olejom, soľou, korením, paprikou, šampiňónmi, cibuľou a premiešame.
2. Položte na obal, vložte do rúry na 300 stupňov F a pečte 1 hodinu.
3. Rozdeľte na taniere a podávajte horúce.

Užite si to!

Výživa:kalórií 130, tuk 12, vláknina 1, sacharidy 3, bielkoviny 9

Pečená Klobása A Kapusta

Toto keto jedlo bude hotové za 20 minút!

Čas prípravy: 5 minút

Čas varenia: 30 minút

Porcie: 4

Ingrediencie:

- 1 šálka žltej cibule, nakrájanej
- 1 ½ libry talianskej bravčovej klobásy, nakrájanej na plátky
- ½ šálky červenej papriky, nakrájanej
- Soľ a čierne korenie podľa chuti
- 5 libier kapusty, nakrájanej
- 1 lyžička cesnaku, mletého
- ¼ šálky červenej chilli papričky, nakrájanej
- 1 šálka vody

Inštrukcie:

1. Zohrejte panvicu na stredne vysokú teplotu, pridajte klobásu, premiešajte, znížte teplotu na strednú a varte 10 minút.
2. Pridajte cibuľu, premiešajte a varte ďalšie 3-4 minúty.

3. Pridajte papriku a cesnak, premiešajte a varte 1 minútu.

4. Pridajte čiernu kapustu, čili, soľ, korenie a vodu, premiešajte a varte ďalších 10 minút.

5. Rozdeľte medzi taniere a podávajte.

Užite si to!

Výživa:kalórií 150, tuk 4, vláknina 1, sacharidy 2, bielkoviny 12

Klobása S Paradajkami A Syrom

Je to úžasná kombinácia a veľmi chutná!

Čas prípravy: 10 minút

Čas varenia: 30 minút

Porcie: 4

Ingrediencie:

- 2 unce kokosového oleja, roztopený
- 2 libry talianskej bravčovej klobásy, nasekané
- 1 cibuľa, nakrájaná na plátky
- 4 sušené paradajky, nakrájané na tenké plátky
- Soľ a čierne korenie podľa chuti
- ½ libry syra gouda, strúhaný
- 3 žlté papriky, nakrájané
- 3 oranžové papriky, nakrájané
- Štipka chilli vločiek
- Hrsť petržlenu, nakrájame na tenké plátky

Inštrukcie:

1. Panvicu s olejom rozohrejeme na stredne vysokej teplote, pridáme plátky klobásy, premiešame, opekáme

3 minúty z každej strany, preložíme na tanier a
necháme zatiaľ bokom.

2. Zohrejte panvicu na strednom ohni, pridajte cibuľu,
   žltú a oranžovú papriku a paradajky, premiešajte a
   varte 5 minút.
3. Pridajte paprikové vločky, soľ a korenie, dobre
   premiešajte, varte 1 minútu a odstráňte z tepla.
4. Plátky klobásy poukladáme do zapekacej misy, navrch
   pridáme zmes papriky, pridáme aj petržlenovú vňať a
   goudu, vložíme do rúry vyhriatej na 350 °F a pečieme
   15 minút.
5. Rozdeľte na taniere a podávajte horúce.

Užite si to!

Výživa:kalórií 200, tuk 5, vláknina 3, sacharidy 6, bielkoviny 14

Lahodný klobásový šalát

Skontrolujte to! Je to veľmi chutné!

Čas prípravy: 10 minút

Čas varenia: 7 minút

Porcie: 4

Ingrediencie:

- 8 článkov z bravčovej klobásy, nakrájanej na plátky
- 1 libra zmiešaných cherry paradajok, nakrájaných na polovicu
- 4 šálky baby špenátu
- 1 lyžica avokádového oleja
- 1 libra mozzarelly nakrájaná na kocky
- 2 lyžice citrónovej šťavy
- 2/3 šálky bazalkového pesta
- Soľ a čierne korenie podľa chuti

Inštrukcie:

1. Zohrejte panvicu s olejom na stredne vysokú teplotu, pridajte plátky klobásy, premiešajte a opekajte 4 minúty z každej strany.

2. Medzitým v šalátovej miske zmiešame špenát s mozzarellou, paradajkami, soľou, korením, citrónovou šťavou a pestom a premiešame, aby sa obalil.

3. Pridajte kúsky klobásy, znova premiešajte a podávajte.

Užite si to!

Výživa:kalórií 250, tuk 12, vláknina 3, sacharidy 8, bielkoviny 18

Lahodná klobása a papriková polievka

Táto keto polievka zhypnotizuje každého!

Čas prípravy: 10 minút

Čas varenia:1 hodina a 10 minút

Porcie: 6

Ingrediencie:

- 1 lyžica avokádového oleja
- 32 uncí bravčovej klobásy
- 10 uncí konzervovaných paradajok a jalapenos, nasekaných
- 10 uncí špenátu
- 1 zelená paprika, nasekaná
- 4 šálky hovädzieho vývaru
- 1 lyžička cibuľového prášku
- Soľ a čierne korenie podľa chuti
- 1 lyžica rasce
- 1 lyžica čili prášku
- 1 lyžička cesnakového prášku
- 1 lyžička talianskeho korenia

Inštrukcie:

1. Zohrejte panvicu s olejom na strednom ohni, pridajte klobásu, premiešajte a opečte pár minút zo všetkých strán.
2. Pridajte zelenú papriku, soľ a korenie, premiešajte a varte 3 minúty.
3. Pridajte paradajky a jalapenos, premiešajte a varte ďalšie 2 minúty.
4. Pridajte špenát, premiešajte, prikryte a varte 7 minút.
5. Pridajte vývar, cibuľový prášok, cesnakový prášok, čili prášok, rascu, soľ, korenie a talianske korenie, všetko spolu premiešajte, hrniec prikryte a varte 30 minút.
6. Hrniec odokryjeme a polievku varíme ešte 15 minút.
7. Rozdelíme do misiek a podávame.

Užite si to!

Výživa:kalórií 524, tuk 43, vláknina 2, sacharidy 4, bielkoviny 26

Talianska klobásová polievka

Každý môže pripraviť túto úžasnú keto polievku! Je to tak chutné a zdravé!

Čas prípravy: 10 minút

Čas varenia: 30 minút

Porcie: 12

Ingrediencie:

- 64 uncí kuracieho vývaru
- Kvapka avokádového oleja
- 1 šálka krému
- 10 uncí špenátu
- 6 plátkov slaniny, nasekané
- 1 libra nasekaných reďkoviek
- 2 strúčiky cesnaku, mleté
- Soľ a čierne korenie podľa chuti
- Štipka vločiek červenej papriky, rozdrvená
- 1 žltá cibuľa, nakrájaná
- 1 1/2 libry horúcej bravčovej klobásy, nakrájanej

Inštrukcie:

1. Zohrejte panvicu s kvapkou avokádového oleja na stredne vysokú teplotu, pridajte klobásu, cibuľu a cesnak, premiešajte a niekoľko minút opečte.
2. Pridajte vývar, špenát a reďkovky, premiešajte a priveďte do varu.
3. Pridajte slaninu, smotanu, soľ, korenie a vločky červenej papriky, premiešajte a varte ďalších 20 minút.
4. Rozdelíme do misiek a podávame.

Užite si to!

Výživa:kalórií 291, tuk 22, vláknina 2, sacharidy 4, bielkoviny 17

Neuveriteľný krém z brokolice a karfiolu

Toto je tak textúrované a chutné!

Čas prípravy: 10 minút

Čas varenia: 15 minút

Porcie: 5

Ingrediencie:

- 1 hlávka karfiolu, kvety oddelené
- 1 hlavička brokolice, ružičky oddelené
- Soľ a čierne korenie podľa chuti
- 2 strúčiky cesnaku, mleté
- 2 plátky slaniny, nasekané
- 2 lyžice prepusteného masla

Inštrukcie:

1. Zohrejte panvicu s ghee na stredne vysokú teplotu, pridajte cesnak a slaninu, premiešajte a 3 minúty opekajte.
2. Pridajte ružičky karfiolu a brokolice, premiešajte a varte ďalšie 2 minúty.
3. Prilejeme vodu, aby boli zakryté, hrniec prikryjeme a dusíme 10 minút.

4. Pridajte soľ, korenie, znova premiešajte a polievku rozmixujte ponorným mixérom.

5. Varte ďalších pár minút na strednom ohni, nalejte do misiek a podávajte.

Užite si to!

Výživa:kalórií 230, tuk 3, vláknina 3, sacharidy 6, bielkoviny 10

Brokolicový guláš

Tento vegetariánsky guláš je jednoducho vynikajúci!

Čas prípravy: 10 minút

Čas varenia: 40 minút

Porcie: 4

Ingrediencie:

- 1 hlavička brokolice, ružičky oddelené
- 2 čajové lyžičky koriandrových semienok
- Kvapka olivového oleja
- 1 žltá cibuľa, nakrájaná
- Soľ a čierne korenie podľa chuti
- Štipka červenej papriky, rozdrvená
- 1 kus zázvoru, nasekaný
- 1 strúčik cesnaku, mletý
- 28 uncí konzervovaných paradajok, pyré

Inštrukcie:

1. Vodu dáme do hrnca, osolíme, na stredne silnom ohni privedieme do varu, pridáme brokolicu, podusíme 2 minúty, preložíme do misky s ľadovou vodou, scedíme a necháme bokom.

2. Panvicu zohrejte na stredne vysokú teplotu, pridajte koriandrové semienka, opekajte ich 4 minúty, preložte do kuchynského robota, pomeľte a nechajte bokom.

3. Zohrejte panvicu s olejom na strednom ohni, pridajte cibuľu, soľ, korenie a chilli, premiešajte a varte 7 minút.

4. Pridajte zázvor, cesnak a semienka koriandra, premiešajte a varte 3 minúty.

5. Pridajte paradajky, priveďte do varu a varte 10 minút.

6. Pridajte brokolicu, premiešajte a varte guláš 12 minút.

7. Rozdelíme do misiek a podávame.

Užite si to!

Výživa:kalórií 150, tuk 4, vláknina 2, sacharidy 5, bielkoviny 12

Úžasná žeruchová polievka

Keto polievka na čínsky spôsob znie celkom úžasne, však?

Čas prípravy: 10 minút

Čas varenia: 10 minút

Porcie: 4

Ingrediencie:

- 6 šálok kuracieho vývaru
- ¼ šálky sherry
- 2 čajové lyžičky kokosových aminokyselín
- 6 ½ šálky žeruchy
- Soľ a čierne korenie podľa chuti
- 2 čajové lyžičky sezamových semienok
- 3 šalotky, nakrájané
- 3 bielka, vyšľahané

Inštrukcie:

1. Bujón vložte do hrnca, zmiešajte so soľou, korením, sherry a kokosovými aminokyselinami, premiešajte a priveďte do varu na stredne vysokej teplote.

2. Pridajte šalotku, žeruchu a sneh z bielkov, premiešajte,
    priveďte do varu, rozdeľte do misiek a podávajte
    posypané sezamovými semienkami.

Užite si to!

Výživa:kalórií 50, tuk 1, vláknina 0, sacharidy 1, bielkoviny 5

Lahodná čínska kapustová polievka

Môžete ho jesť aj na večeru!

Čas prípravy: 10 minút

Čas varenia: 15 minút

Porcie: 4

Ingrediencie:

- 3 šálky hovädzieho vývaru
- 1 žltá cibuľa, nakrájaná
- 1 zväzok bok choy, nasekaný
- 1 ½ šálky šampiňónov, nasekaných
- Soľ a čierne korenie podľa chuti
- ½ lyžičky vločiek červenej papriky
- 3 lyžice kokosových aminokyselín
- 3 lyžice strúhaného parmezánu
- 2 lyžice worcesterskej omáčky
- 2 prúžky slaniny, nasekané

Inštrukcie:

1. Zohrejte panvicu na stredne vysokú teplotu, pridajte slaninu, premiešajte, varte dochrumkava, preložte na papierové utierky a vypustite tuk.

2. Zohrejte hrniec na strednom ohni, pridajte huby a cibuľu, premiešajte a varte 5 minút.

3. Pridajte vývar, bok choy, kokosové aminokyseliny, soľ, korenie, vločky papriky a worcestrovú omáčku, premiešajte, prikryte a varte, kým bok choy nezmäkne.

4. Polievku nalejeme do misiek, posypeme parmezánom a slaninou a podávame.

Užite si to!

Výživa:kalórií 100, tuk 3, vláknina 1, sacharidy 2, bielkoviny 6

Bok Choy Stir Fry

Je to jednoduché, je to ľahké a veľmi chutné!

Čas prípravy: 10 minút

Čas varenia: 7 minút

Porcie: 2

Ingrediencie:

- 2 strúčiky cesnaku, mleté
- 2 šálky bok choy, nasekané
- 2 plátky slaniny, nasekané
- Soľ a čierne korenie podľa chuti
- Kvapka avokádového oleja

Inštrukcie:

1. Zohrejte panvicu s olejom na strednom ohni, pridajte slaninu, premiešajte a opečte dochrumkava, preložte na papierové utierky a vypustite tuk.

2. Vráťte panvicu na strednú teplotu, pridajte cesnak a bok choy, premiešajte a varte 4 minúty.

3. Osolíme, okoreníme a vrátime slaninu, premiešame, povaríme ešte 1 minútu, rozdelíme na taniere a podávame.

Užite si to!

Výživa:kalórií 50, tuk 1, vláknina 1, sacharidy 2, bielkoviny 2

Zelerový krém

Toto na vás urobí dojem!

Čas prípravy: 10 minút

Čas varenia: 40 minút

Porcie: 4

Ingrediencie:

- 1 zväzok zeleru, nasekaný
- Soľ a čierne korenie podľa chuti
- 3 bobkové listy
- ½ hlavy cesnaku, mletého
- 2 žlté cibule, nakrájané
- 4 šálky kuracieho vývaru
- ¾ šálky krému
- 2 lyžice prepusteného masla

Inštrukcie:

1. Zahrejte panvicu s ghee na stredne vysokú teplotu, pridajte cibuľu, soľ a korenie, premiešajte a varte 5 minút.

2. Pridajte bobkové listy, cesnak a zeler, premiešajte a varte 15 minút.

3. Pridajte vývar, viac soli a korenia, premiešajte, hrniec prikryte, znížte teplotu a varte 20 minút.

4. Pridáme smotanu, premiešame a všetko rozmixujeme ponorným mixérom.

5. Naberačku nalejeme do misiek a podávame.

Užite si to!

Výživa:kalórií 150, tuk 3, vláknina 1, sacharidy 2, bielkoviny 6

Lahodná zelerová polievka

Je to tak chutné a chutné! Skús to!

Čas prípravy: 10 minút

Čas varenia: 25 minút

Porcie: 8

Ingrediencie:

- 26 uncí zelerových listov a stoniek, nasekaných
- 1 lyžica nasekanej cibule
- Soľ a čierne korenie podľa chuti
- 3 čajové lyžičky prášku z senovky gréckej
- 3 čajové lyžičky práškového zeleninového vývaru
- 10 uncí kyslej smotany

Inštrukcie:

1. Zeler vložte do hrnca, pridajte vodu, aby ste zakryli, pridajte cibuľové vločky, soľ, korenie, bujónový prášok a prášok senovky gréckej, premiešajte, priveďte do varu na miernom ohni a varte 20 minút.
2. Na výrobu krému použite ponorný mixér, pridajte kyslú smotanu, viac soli a korenia a znova rozmixujte.

3. Polievku zohrejte na strednom ohni, nalejte do misiek a podávajte.

Užite si to!

Výživa:kalórií 140, tuk 2, vláknina 1, sacharidy 5, bielkoviny 10

Úžasný zelerový guláš

Tento keto guláš v iránskom štýle je tak chutný a jednoduchý na

prípravu!

Čas prípravy: 10 minút

Čas varenia: 30 minút

Porcie: 6

Ingrediencie:

- 1 zväzok zeleru, nahrubo nasekaný
- 1 žltá cibuľa, nakrájaná
- 1 zväzok zelenej cibule, nakrájanej
- 4 strúčiky cesnaku, mleté
- Soľ a čierne korenie podľa chuti
- 1 zväzok nasekanej petržlenovej vňate
- 2 zväzky mäty, nasekané
- 3 sušené perzské citróny, prepichnuté vidličkou
- 2 šálky vody
- 2 lyžice kuracieho vývaru
- 4 polievkové lyžice olivového oleja

Inštrukcie:

1. Zohrejte hrniec s olejom na stredne vysokú teplotu, pridajte cibuľu, zelenú cibuľku a cesnak, premiešajte a varte 6 minút.

2. Pridajte zeler, perzské citróny, kurací vývar, soľ, korenie a vodu, premiešajte, hrniec prikryte a varte na miernom ohni 20 minút.

3. Pridáme petržlenovú vňať a mätu, premiešame a varíme ďalších 10 minút.

4. Rozdelíme do misiek a podávame.

Užite si to!

Výživa:kalórií 170, tuk 7, vláknina 4, sacharidy 6, bielkoviny 10

Špenátová polievka

Je to textúrovaná a krémová keto polievka, ktorú musíte čoskoro vyskúšať!

Čas prípravy: 10 minút

Čas varenia: 15 minút

Porcie: 8

Ingrediencie:

- 2 lyžice prepusteného masla
- 20 uncí špenát, nasekaný
- 1 lyžička cesnaku, mletého
- Soľ a čierne korenie podľa chuti
- 45 uncí kuracieho vývaru
- ½ lyžičky muškátového orieška, mletého
- 2 šálky krému
- 1 žltá cibuľa, nakrájaná

Inštrukcie:

1. Zohrejte panvicu s prepusteným maslom na strednom ohni, pridajte cibuľu, premiešajte a varte 4 minúty.
2. Pridajte cesnak, premiešajte a varte 1 minútu.
3. Pridajte špenát a vývar, premiešajte a varte 5 minút.

4. Polievku rozmixujeme ponorným mixérom a polievku prihrejeme.

5. Pridajte soľ, korenie, muškátový oriešok a smotanu, premiešajte a varte ďalších 5 minút.

6. Nalejte do misiek a podávajte.

Užite si to!

Výživa: kalórií 245, tuk 24, vláknina 3, sacharidy 4, bielkoviny 6

Lahodné soté zo zelenej horčice

Je to tak chutné!

Čas prípravy: 10 minút

Čas varenia: 20 minút

Porcie: 4

Ingrediencie:

- 2 strúčiky cesnaku, mleté
- 1 lyžica olivového oleja
- 2 ½ libry kapusty, nakrájanej
- 1 lyžička citrónovej šťavy
- 1 polievková lyžica prepusteného masla
- Soľ a čierne korenie podľa chuti

Inštrukcie:

1. Do hrnca dáme trochu vody, pridáme soľ a na miernom ohni privedieme do varu.
2. Pridajte zeleninu, prikryte a varte 15 minút.
3. Kapustu dobre scedíme, tekutinu vytlačíme a dáme do misy.
4. Zohrejte panvicu s olejom a ghee na stredne vysokú teplotu, pridajte kapustu, soľ, korenie a cesnak.

5. Dobre premiešame a varíme 5 minút.

6. V prípade potreby pridajte viac soli a korenia, pokvapkajte citrónovou šťavou, premiešajte, rozdeľte na taniere a podávajte.

Užite si to!

Výživa:kalórií 151, tuk 6, vláknina 3, sacharidy 7, bielkoviny 8

Chutná zelená kapusta a šunka

Toto chutné jedlo bude hotové za chvíľu!

Čas prípravy: 10 minút

Čas varenia: 1 hodina a 40 minút

Porcie: 4

Ingrediencie:

- 4 unce šunky, vykostené, uvarené a nasekané
- 1 lyžica olivového oleja
- 2 libry zelenej kapusty, nakrájané na stredné prúžky
- 1 lyžička vločiek červenej papriky, drvené
- Soľ a čierne korenie podľa chuti
- 2 šálky kuracieho vývaru
- 1 žltá cibuľa, nakrájaná
- 4 unce suchého bieleho vína
- 1 unca bravčovej soli
- ¼ šálky jablčného octu
- ½ šálky ghí, rozpusteného

Inštrukcie:

1. Zohrejte panvicu s olejom na stredne vysokej teplote, pridajte šunku a cibuľu, premiešajte a varte 4 minúty.

2. Pridajte bravčovú soľ, kaleráb, vývar, ocot a víno, premiešajte a priveďte do varu.

3. Znížte oheň, panvicu prikryte a za občasného miešania varte 1 hodinu a 30 minút.

4. Pridajte ghee, odstráňte slané bravčové mäso, premiešajte, všetko povarte 10 minút, rozdeľte na taniere a podávajte.

Užite si to!

Výživa:kalórií 150, tuk 12, vláknina 2, sacharidy 4, bielkoviny 8

Chutná kapustová zelenina a paradajky

Toto je jednoducho úžasné!

Čas prípravy: 10 minút

Čas varenia: 12 minút

Porcie: 5

Ingrediencie:

- 1 libra zelenej kapusty
- 3 prúžky slaniny, nasekané
- ¼ šálky cherry paradajok, nakrájaných na polovicu
- 1 lyžica jablčného octu
- 2 lyžice kuracieho vývaru
- Soľ a čierne korenie podľa chuti

Inštrukcie:

1. Zohrejte panvicu na strednom ohni, pridajte slaninu, premiešajte a varte do zlatista.

2. Pridajte paradajky, kapustu, ocot, vývar, soľ a korenie, premiešajte a varte 8 minút.

3. Pridajte ešte soľ a korenie, znova jemne premiešajte, rozdeľte na taniere a podávajte.

Užite si to!

Výživa:kalórií 120, tuk 8, vláknina 1, sacharidy 3, bielkoviny 7

Špeciálna švajčiarska mangoldová polievka

Je to úžasné!

Čas prípravy: 10 minút

Čas varenia: 2 hodiny a 10 minút

Porcie: 4

Ingrediencie:

- 1 červená cibuľa, nakrájaná
- 1 zväzok nasekaného mangoldu
- 1 žltá tekvica, nakrájaná
- 1 cuketa, nakrájaná
- 1 zelená paprika, nasekaná
- Soľ a čierne korenie podľa chuti
- 6 mrkvy, nakrájané
- 4 šálky paradajok, nakrájané
- 1 šálka nasekaných ružičiek karfiolu
- 1 šálka nakrájanej zelenej fazuľky
- 6 šálok kuracieho vývaru
- 7 uncí konzervovanej paradajkovej pasty
- 2 šálky vody
- 1 libra klobásy, nasekaná

- 2 strúčiky cesnaku, mleté

- 2 čajové lyžičky tymianu, nasekaného

- 1 lyžička sušeného rozmarínu

- 1 lyžica feniklu, nasekaného

- ½ lyžičky vločiek červenej papriky

- Trochu strúhaného parmezánu na podávanie

Inštrukcie:

1. Zohrejte panvicu na stredne vysokú teplotu, pridajte klobásu a cesnak, premiešajte a varte do hneda a preneste ju so šťavou do pomalého hrnca.

2. Pridajte cibuľu, mangold, tekvicu, papriku, cukety, mrkvu, paradajky, karfiol, zelenú fazuľku, paradajkový pretlak, vývar, vodu, tymian, fenikel, rozmarín, lupienky papriky, soľ a korenie, premiešajte, prikryte a varte na vysokej teplote na 2 hodiny.

3. Hrniec odokryjeme, polievku rozmiešame, nalejeme do misiek naberačkou, posypeme parmezánom a podávame.

Užite si to!

Výživa:kalórií 150, tuk 8, vláknina 2, sacharidy 4, bielkoviny 9

Krém z pečených paradajok

Veľmi vám to uľahčí deň!

Čas prípravy: 10 minút

Čas varenia: 1 hodina

Porcie: 8

Ingrediencie:

- 1 paprička jalapeňo, nasekaná
- 4 strúčiky cesnaku, mleté
- 2 libry cherry paradajok, nakrájané na polovicu
- 1 žltá cibuľa, nakrájaná na mesiačiky
- Soľ a čierne korenie podľa chuti
- ¼ šálky olivového oleja
- ½ čajovej lyžičky sušeného oregana
- 4 šálky kuracieho vývaru
- ¼ šálky nasekanej bazalky
- ½ šálky strúhaného parmezánu

Inštrukcie:

1. Paradajky a cibuľu rozložíme na panvicu, pridáme cesnak a čili, dochutíme soľou, korením, oreganom a pokvapkáme olejom.

2. Položte na potiahnutie a pečte pri teplote 425 stupňov F počas 30 minút.

3. Paradajkovú zmes vyberieme z rúry, preložíme do hrnca, pridáme vývar a všetko zohrejeme na stredne silnom ohni.

4. Privieď te do varu, hrniec prikryte, znížte teplotu a varte 20 minút.

5. Rozmixujeme ponorným mixérom, pridáme soľ, korenie podľa chuti a bazalku, premiešame a naberačkou nalejeme do misiek.

6. Posypeme parmezánom a podávame.

Užite si to!

Výživa:kalórií 140, tuk 2, vláknina 2, sacharidy 5, bielkoviny 8

Baklažánová polievka

Presne toto ste dnes potrebovali!

Čas prípravy: 10 minút

Čas varenia: 50 minút

Porcie: 4

Ingrediencie:

- 4 paradajky
- 1 lyžička cesnaku, mletého
- ¼ žltej cibule, nakrájanej
- Soľ a čierne korenie podľa chuti
- 2 šálky kuracieho vývaru
- 1 bobkový list
- ½ šálky hustej smotany
- 2 lyžice nasekanej bazalky
- 4 lyžice strúhaného parmezánu
- 1 lyžica olivového oleja
- 1 nasekaný baklažán

Inštrukcie:

1. Kúsky baklažánu rozložte na plech, posypte olejom, cibuľou, cesnakom, soľou a korením, vložte do rúry vyhriatej na 400 °F a pečte 15 minút.

2. Nalejte vodu do hrnca, priveďte do varu na miernom ohni, pridajte paradajky, 1 minútu ich poduste, ošúpte a nakrájajte.

3. Vyberte baklažánovú zmes z rúry a presuňte ju na panvicu.

4. Pridajte paradajky, vývar, bobkový list, soľ a korenie, premiešajte, priveďte do varu a varte 30 minút.

5. Pridáme smotanu, bazalku a parmezán, premiešame, nalejeme do misiek a podávame.

Užite si to!

Výživa:kalórií 180, tuk 2, vláknina 3, sacharidy 5, bielkoviny 10

Dusený baklažán

Toto je ideálne pre rodinné jedlo!

Čas prípravy: 10 minút

Čas varenia: 30 minút

Porcie: 4

Ingrediencie:

- 1 červená cibuľa, nakrájaná
- 2 strúčiky cesnaku, mleté
- 1 zväzok nasekanej petržlenovej vňate
- Soľ a čierne korenie podľa chuti
- 1 čajová lyžička sušeného oregana
- 2 baklažány, nakrájané na stredné kúsky
- 2 polievkové lyžice olivového oleja
- 2 lyžice kapary, nasekané
- 1 hrsť zelených olív zbavených kôstok a nakrájaných na plátky
- 5 paradajok, nakrájaných
- 3 lyžice bylinného octu

Inštrukcie:

1. Zohrejte panvicu s olejom na strednom ohni, pridajte baklažány, oregano, soľ a korenie, premiešajte a varte 5 minút.

2. Pridajte cesnak, cibuľu a petržlenovú vňať, premiešajte a varte 4 minúty.

3. Pridajte kapary, olivy, ocot a paradajky, premiešajte a varte 15 minút.

4. V prípade potreby pridajte viac soli a korenia, premiešajte, rozdeľte do misiek a podávajte.

Užite si to!

Výživa:kalórií 200, tuk 13, vláknina 3, sacharidy 5, bielkoviny 7

Polievka z pečenej papriky

Toto je nielen veľmi chutné! Je to tiež keto a zdravé!

Čas prípravy: 10 minút

Čas varenia: 15 minút

Porcie: 6

Ingrediencie:

- 12 uncí pečenej papriky, nakrájanej
- 2 polievkové lyžice olivového oleja
- 2 strúčiky cesnaku, mleté
- 29 uncí konzervovaného kuracieho vývaru
- Soľ a čierne korenie podľa chuti
- 7 uncí vody
- 2/3 šálky hustej smotany
- 1 žltá cibuľa, nakrájaná
- ¼ šálky parmezánu, strúhaného
- 2 zelerové tyčinky, nasekané

Inštrukcie:

1. Zohrejte hrniec s olejom na strednom ohni, pridajte cibuľu, cesnak, zeler, trochu soli a korenia, premiešajte a varte 8 minút.

2. Pridajte papriku, vodu a vývar, premiešajte, priveďte do varu, prikryte, znížte teplotu a varte 5 minút.

3. Na rozmixovanie polievky použite ponorný mixér, potom pridajte soľ, korenie a smotanu, premiešajte, priveďte do varu a odstavte z ohňa.

4. Nalejeme do misiek, posypeme parmezánom a podávame.

Užite si to!

Výživa:kalórií 176, tuk 13, vláknina 1, sacharidy 4, bielkoviny 6

Lahodná kapustová polievka

Táto lahodná kapustová polievka sa rýchlo stane vašou novou

obľúbenou keto polievkou!

Čas prípravy: 10 minút

Čas varenia: 45 minút

Porcie: 8

Ingrediencie:

- 1 strúčik cesnaku, mletý
- 1 hlávka kapusty, nasekaná
- 2 libry hovädzieho mäsa, mleté
- 1 žltá cibuľa, nakrájaná
- 1 lyžička rasce
- 4 kocky bujónu
- Soľ a čierne korenie podľa chuti
- 10 uncí konzervovaných paradajok a zelených čili
- 4 šálky vody

Inštrukcie:

1. Zahrejte panvicu na strednom ohni, pridajte hovädzie mäso, premiešajte a niekoľko minút opečte.

2. Pridáme cibuľu, premiešame, povaríme ďalšie 4 minúty a preložíme do hrnca.

3. Prehrejeme, pridáme kapustu, rascu, cesnak, kocky bujónu, paradajky a čili a vodu, premiešame, na prudkom ohni privedieme do varu, prikryjeme, znížime teplotu a varíme 40 minút.

4. Dochutíme soľou a korením, premiešame, nalejeme do misiek a podávame.

Užite si to!

Výživa:kalórií 200, tuk 3, vláknina 2, sacharidy 6, bielkoviny 8

Čokoládové hľuzovky

Tieto sú také úžasné a chutné!

Čas prípravy: 10 minút

Čas varenia: 6 minút

Porcie: 22

Ingrediencie:

- 1 šálka čokoládových lupienkov bez cukru
- 2 lyžice masla
- 2/3 šálky hustej smotany
- 2 lyžičky brandy
- 2 polievkové lyžice zavaru
- ¼ lyžičky vanilkového extraktu
- Kakaový prášok

Inštrukcie:

1. Krém dáme do žiaruvzdornej misky, pridáme maslo, tuk a čokoládové lupienky, premiešame, vložíme do mikrovlnnej rúry a zohrievame 1 minútu.
2. Necháme 5 minút odstáť, dobre premiešame a zmiešame s brandy a vanilkou.
3. Znova premiešajte, nechajte niekoľko hodín v chladničke.

4. Pomocou melónovej špachtle tvarujte hľuzovky, obaľte
    ich v kakaovom prášku a podávajte.

Užite si to!

Výživa:kalórií 60, tuk 5, vláknina 4, sacharidy 6, bielkoviny 1

Chutné šišky

Tieto keto donuty vyzerajú a chutia úžasne!

Čas prípravy: 10 minút

Čas varenia: 15 minút

Porcie: 24

Ingrediencie:

- ¼ šálky erytritolu
- ¼ šálky ľanového semienka
- ¾ šálky mandľovej múky
- 1 lyžička prášku do pečiva
- 1 lyžička vanilkového extraktu
- 2 vajcia
- 3 lyžice kokosového oleja
- ¼ šálky kokosového mlieka
- 20 kvapiek červeného potravinárskeho farbiva
- Štipka soli
- 1 lyžica kakaového prášku

Inštrukcie:

1. V miske zmiešame ľanovú múku s mandľovou múkou, kakaovým práškom, práškom do pečiva, erytritolom a soľou a premiešame.
2. V inej miske zmiešajte kokosový olej s kokosovým mliekom, vanilkou, potravinárskym farbivom a vajcami a premiešajte.
3. 2 zmesi spojíme, zmiešame ručným mixérom, preložíme do vrecka, do vrecka urobíme jamku a na plech vytvarujeme 12 donutov.
4. Vložte do rúry vyhriatej na 350 stupňov F a pečte 15 minút.
5. Poukladajte ich na servírovací tanier a podávajte.

Užite si to!

Výživa:kalórií 60, tuk 4, vláknina 0, sacharidy 1, bielkoviny 2

Čokoládové bomby

Dnes ich musíte vyskúšať!

Čas prípravy: 10 minút

Čas varenia: 10 minút

Porcie: 12

Ingrediencie:

- 10 lyžíc kokosového oleja
- 3 lyžice nasekaných makadamových orechov
- 2 balíčky stévie
- 5 lyžíc nesladeného kokosového prášku
- Štipka soli

Inštrukcie:

1. Vložte kokosový olej do panvice a nechajte ho rozpustiť na strednom ohni.

2. Pridajte stéviu, soľ a kakaový prášok, dobre premiešajte a odstráňte z ohňa.

3. Nalejte do podnosu na sladkosti a nechajte chvíľu v chladničke.

4. Posypte makadamovými orechmi a nechajte vychladnúť až do podávania.

Užite si to!

Výživa:kalórií 50, tuk 1, vláknina 0, sacharidy 1, bielkoviny 2

Úžasný želé dezert

Je to viac, ako si dokážete predstaviť!

Čas prípravy:2 hodiny a 10 minút

Čas varenia: 5 minút

Porcie: 12

Ingrediencie:

- 2 unce želatínové balíčky bez cukru
- 1 šálka studenej vody
- 1 šálka horúcej vody
- 3 polievkové lyžice erytritolu
- 2 polievkové lyžice práškovej želatíny
- 1 lyžička vanilkového extraktu
- 1 šálka krému
- 1 šálka vriacej vody

Inštrukcie:

1. Vložte želatínové balíčky do misky, pridajte 1 šálku horúcej vody, miešajte, kým sa nerozpustí, a potom zmiešajte s 1 šálkou studenej vody.

2. Všetko vylejeme do vystlaného štvorcového pekáča a dáme na 1 hodinu do chladničky.

3. Nakrájajte na kocky a nechajte zatiaľ bokom.

4. Medzitým v miske zmiešame erytritol s vanilkovým extraktom, 1 šálkou vriacej vody, želatínou a smotanou a veľmi dobre premiešame.

5. Polovicu tejto zmesi nalejte do okrúhlej silikónovej formy, rozložte kocky želé a potom ozdobte zvyškom želé.

6. Uložíme na ďalšiu hodinu do chladničky a potom podávame.

Užite si to!

Výživa:kalórií 70, tuk 1, vláknina 0, sacharidy 1, bielkoviny 2

jahodový koláč

Je to tak chutné!

Čas prípravy:2 hodiny a 10 minút

Čas varenia: 5 minút

Porcie: 12

Ingrediencie:

Na cesto:

- 1 šálka kokosu, strúhaného
- 1 šálka slnečnicových semienok
- ¼ šálky masla
- Štipka soli

Na plnku:

- 1 lyžička želatíny
- 8 uncí smotanového syra
- 4 unce jahôd
- 2 polievkové lyžice vody
- ½ lyžice citrónovej šťavy
- ¼ lyžičky stévie
- ½ šálky hustej smotany
- 8 uncí jahôd, nakrájaných na servírovanie

- 16 uncí hustej smotany na servírovanie

Inštrukcie:

1. V kuchynskom robote zmiešajte slnečnicové semienka s kokosom, štipkou soli a maslom a dobre premiešajte.
2. Vložte ju do vymastenej jarnej formy a pevne ju zatlačte na dno.
3. Zahrejte panvicu s vodou na strednom ohni, pridajte želatínu, miešajte, kým sa nerozpustí, odstráňte z tepla a nechajte vychladnúť.
4. Pridajte ho do kuchynského robota, zmiešajte so 4 uncami jahôd, smotanovým syrom, citrónovou šťavou a stéviou a dobre premiešajte.
5. Pridajte ½ šálky smotany, dobre premiešajte a rozotrite na kôru.
6. Navrch dajte 8 uncí jahôd a 16 uncí smotany a pred krájaním a podávaním dajte na 2 hodiny do chladničky.

Užite si to!

Výživa:kalórií 234, tuk 23, vláknina 2, sacharidy 6, bielkoviny 7

Lahodný čokoládový koláč

Táto špeciálna torta určite ohromí vašich blízkych!

Čas prípravy:3 hodiny a 10 minút

Čas varenia: 20 minút

Porcie: 10

Ingrediencie:

Na cesto:

- ½ lyžičky prášku do pečiva
- 1 ½ šálky mandľovej kôry
- Štipka soli
- 1/3 šálky stévie
- 1 vajce
- 1 ½ lyžičky vanilkového extraktu
- 3 lyžice masla
- 1 lyžička masla na panvicu

Na plnku:

- 1 lyžica vanilkového extraktu
- 4 lyžice masla
- 4 lyžice kyslej smotany
- 16 uncí smotanového syra
- ½ šálky nasekanej stévie
- ½ šálky kakaového prášku

- 2 čajové lyžičky granulovanej stévie
- 1 šálka smotany na šľahanie
- 1 lyžička vanilkového extraktu

Inštrukcie:

1. Jarnú panvicu vymastíme 1 lyžičkou masla a necháme zatiaľ bokom.
2. V miske zmiešame droždie s 1/3 šálky stévie, štipkou soli a mandľovou múkou a premiešame.
3. Pridajte 3 lyžice masla, vajce a 1 1/2 lyžičky vanilkového extraktu, miešajte, kým sa nevytvorí cesto.
4. Dobre to vtlačte do formy na jar, vložte do rúry s teplotou 375 stupňov F a pečte 11 minút.
5. Vyberte koláč z rúry, prikryte alobalom a pečte ďalších 8 minút.
6. Znova vyberte z rúry a nechajte vychladnúť.
7. Medzitým si v miske zmiešame smotanový syr so 4 lyžicami masla, kyslou smotanou, 1 lyžicou vanilkového extraktu, kakaovým práškom a ½ šálky stévie a dobre premiešame.
8. V inej miske zmiešame smotanu na šľahanie s 2 lyžičkami stévie a 1 lyžičkou vanilkového extraktu a mixérom rozmixujeme.
9. 2 zmesi spojíme, nalejeme na tortu, dobre rozotrieme, dáme na 3 hodiny do chladničky a potom podávame.

Výživa:kalórií 450, tuk 43, vláknina 3, sacharidy 7, bielkoviny 7

Chutné tvarohové koláče

Toto je nápad na keto priateľský dezert, ktorý musíte vyskúšať!

Čas prípravy: 10 minút

Čas varenia: 15 minút

Porcie: 9

Ingrediencie:

Na tvarohové koláče:

- 2 lyžice masla
- 8 uncí smotanového syra
- 3 polievkové lyžice kávy
- 3 vajcia
- 1/3 šálky prehoďte
- 1 polievková lyžica karamelového sirupu bez cukru

Na polevu:

- 3 lyžice karamelového sirupu bez cukru
- 3 lyžice masla
- 8 uncí mascarpone, mäkké
- 2 polievkové lyžice zavaru

Inštrukcie:

1. V mixéri zmiešajte smotanový syr s vajíčkami, 2 polievkovými lyžicami masla, kávou, 1 polievkovou lyžicou karamelového sirupu a 1/3 šálky odvaru a dobre rozmixujte.
2. Nalejte to do formy na košíčky, vložte do rúry na 350 stupňov F a pečte 15 minút.
3. Nechajte vychladnúť a potom nechajte 3 hodiny v mrazničke.
4. Medzitým si v miske zmiešame 3 lyžice masla s 3 lyžicami karamelového sirupu, 2 lyžicami sirupu a mascarpone a dobre premiešame.
5. Polejeme ňou tvarohové koláče a podávame.

Užite si to!

Výživa:kalórií 254, tuk 23, vláknina 0, sacharidy 1, bielkoviny 5

Malinový a kokosový dezert

Ľahko sa pripravujú a chutia vynikajúco!

Čas prípravy: 10 minút

Čas varenia: 5 minút

Porcie: 12

Ingrediencie:

- ½ šálky kokosového masla
- ½ šálky kokosového oleja
- ½ šálky malín, sušených
- ¼ šálky riadená
- ½ šálky kokosu, strúhaného

Inštrukcie:

1. V kuchynskom robote veľmi dobre rozmixujte sušené bobule.
2. Zohrejte panvicu s maslom na strednom ohni.
3. Pridajte olej, kokos a premiešajte, premiešajte a varte 5 minút.
4. Polovicu vylejeme na vystlaný plech a rovnomerne rozotrieme.
5. Pridajte malinový prášok a tiež rozotrite.

6. Navrch dáme zvyšok maslovej zmesi, rozotrieme a dáme na chvíľu do chladničky.

7. Nakrájajte na kúsky a podávajte.

Užite si to!

Výživa:kalórií 234, tuk 22, vláknina 2, sacharidy 4, bielkoviny 2

Chutné čokoládové poháre

Tieto čokoládové dobroty si zamiluje každý!

Čas prípravy: 30 minút

Čas varenia: 5 minút

Porcie: 20

Ingrediencie:

- ½ šálky kokosového masla
- ½ šálky kokosového oleja
- 3 polievkové lyžice zavaru
- ½ šálky kokosu, strúhaného
- 1,5 unce kakaového masla
- 1 unca čokolády, nesladená
- ¼ šálky kakaového prášku
- ¼ lyžičky vanilkového extraktu
- ¼ šálky riadená

Inštrukcie:

1. Na panvici zmiešame kokosové maslo s kokosovým olejom, premiešame a zohrejeme na strednom ohni.

2. Pridáme kokos a 3 polievkové lyžice, dobre premiešame, odstavíme z ohňa, nalejeme do

vymastenej formy na muffiny a dáme na 30 minút do chladničky.

3. Medzitým si v miske zmiešame kakaové maslo s čokoládou, vanilkovým extraktom a ¼ šálky odvaru a dobre premiešame.

4. Umiestnite ho nad misku naplnenú vriacou vodou a miešajte, kým nebude všetko hladké.

5. Polejeme ňou kokosové košíčky, necháme ešte 15 minút v chladničke a potom podávame.

Užite si to!

Výživa:kalórií 240, tuk 23, vláknina 4, sacharidy 5, bielkoviny 2

2

Jednoduchý fondán z arašidového masla

Na prípravu tohto chutného keto dezertu potrebujete len pár ingrediencií!

Čas prípravy:2 hodiny a 10 minút

Čas varenia: 2 minúty

Porcie: 12

Ingrediencie:

- 1 šálka arašidového masla, nesladeného
- ¼ šálky mandľového mlieka
- 2 lyžičky vanilkovej stévie
- 1 šálka kokosového oleja
- Štipka soli

Na náplň:

- 2 polievkové lyžice zavaru
- 2 lyžice rozpusteného kokosového oleja
- ¼ šálky kakaového prášku

Inštrukcie:

1. V žiaruvzdornej miske zmiešajte arašidové maslo s 1 šálkou kokosového oleja, premiešajte a zohrejte v mikrovlnnej rúre, kým sa neroztopí.

2. Pridáme štipku soli, mandľové mlieko a stéviu, všetko dobre premiešame a nalejeme do vystlaného pekáča.

3. Uložíme na 2 hodiny do chladničky a potom nakrájame.

4. V miske zmiešame 2 lyžice roztopeného kokosu s kakaovým práškom a vyšľaháme a veľmi dobre premiešame.

5. Omáčku nalejte na fondán z arašidového masla a podávajte.

Užite si to!

Výživa:kalórií 265, tuk 23, vláknina 2, sacharidy 4, bielkoviny 6

Citrónová pena

Je to tak osviežujúce a chutné!

Čas prípravy: 10 minút

Čas varenia: 0 minút

Porcie: 5

Ingrediencie:

- 1 šálka krému
- Štipka soli
- 1 lyžička citrónovej stévie
- ¼ šálky citrónovej šťavy
- 8 uncí mascarpone

Inštrukcie:

1. V miske zmiešame smotanu s mascarpone a citrónovou šťavou a rozmixujeme mixérom.
2. Pridajte štipku soli a stévie a všetko premiešajte.
3. Rozdelíme do dezertných pohárov a až do podávania uchovávame v chladničke.

Užite si to!

Výživa:kalórií 265, tuk 27, vláknina 0, sacharidy 2, bielkoviny 4

Vanilková zmrzlina

Vyskúšajte túto keto zmrzlinu počas letného dňa!

Čas prípravy:3 hodiny a 10 minút

Čas varenia: 0 minút

Porcie: 6

Ingrediencie:

- 4 vajcia, žĺtky a bielky oddelené
- ¼ lyžičky vínneho kameňa
- ½ šálky odvaru
- 1 lyžica vanilkového extraktu
- 1 ¼ šálky hustej smotany na šľahanie

Inštrukcie:

1. V miske zmiešame bielka s tatárskou smotanou a vyšľaháme a zmiešame mixérom.
2. V inej miske vyšľaháme smotanu s vanilkovým extraktom a dobre premiešame.
3. Spojte 2 zmesi a jemne premiešajte.
4. V inej miske dobre vyšľaháme žĺtka a potom pridáme z dvoch vymiešaných bielkov.

5. Jemne premiešajte, nalejte do nádoby a nechajte v
    mrazničke 3 hodiny pred podávaním zmrzliny.

Užite si to!

Výživa:kalórií 243, tuk 22, vláknina 0, sacharidy 2, bielkoviny 4

Tvarohové štvorce

Vyzerajú tak dobre!

Čas prípravy: 10 minút

Čas varenia: 20 minút

Porcie: 9

Ingrediencie:

- 5 uncí kokosového oleja, roztopený
- ½ lyžičky prášku do pečiva
- 4 polievkové lyžice zavaru
- 1 lyžička vanilky
- 4 unce smotanového syra
- 6 vajec
- ½ šálky čučoriedok

Inštrukcie:

1. V miske zmiešame kokosový olej s vajíčkami, smotanovým syrom, vanilkou, zápražkou a práškom do pečiva a ponorným mixérom rozmixujeme.
2. Zložte čučoriedky, všetko nalejte do štvorcovej zapekacej misy, vložte do rúry vyhriatej na 320 °F a pečte 20 minút.

3. Koláč necháme vychladnúť, nakrájame na štvorce a
    podávame.

Užite si to!

Výživa:kalórií 220, tuk 2, vláknina 0,5, sacharidy 2, bielkoviny 4

Chutné brownies

Tieto keto brownies bez múky sú vynikajúce!

Čas prípravy: 10 minút

Čas varenia: 20 minút

Porcie: 12

Ingrediencie:

- 6 uncí kokosového oleja, roztopený
- 6 vajec
- 3 unce kakaového prášku
- 2 lyžičky vanilky
- ½ lyžičky prášku do pečiva
- 4 unce smotanového syra
- 5 polievkových lyžíc zahýbať

Inštrukcie:

1. V mixéri zmiešame vajcia s kokosovým olejom, kakaovým práškom, kypriacim práškom, vanilkou, smotanovým syrom a mixujeme a mixujeme mixérom.
2. Nalejte do vystlanej zapekacej misy, vložte do rúry vyhriatej na 350 stupňov F a pečte 20 minút.
3. Vychladnuté nakrájajte na obdĺžnikové kúsky a podávajte.

Užite si to!

Výživa:kalórií 178, tuk 14, vláknina 2, sacharidy 3, bielkoviny 5

Čokoládový puding

Tento puding je tak chutný!

Čas prípravy: 50 minút

Čas varenia: 5 minút

Porcie: 2

Ingrediencie:

- 2 polievkové lyžice vody
- 1 lyžica želatíny
- 2 lyžice javorového sirupu
- ½ čajovej lyžičky prášku stévie
- 2 lyžice kakaového prášku
- 1 šálka kokosového mlieka

Inštrukcie:

1. Zahrejte panvicu s kokosovým mliekom na strednom ohni, pridajte stéviu a kakaový prášok a dobre premiešajte.
2. V miske zmiešame želatínu s vodou, dobre premiešame a pridáme na panvicu.
3. Dobre premiešame, pridáme javorový sirup, znova premiešame, rozdelíme do foriem a dáme na 45 minút do chladničky.
4. Podávajte studené.

Užite si to!

Výživa:kalórií 140, tuk 2, vláknina 2, sacharidy 4, bielkoviny 4

Vanilkové parfaity

Vďaka nim sa budete cítiť skvele!

Čas prípravy: 10 minút

Čas varenia: 0 minút

Porcie: 4

Ingrediencie:

- 14 uncí konzervovaného kokosového mlieka
- 1 lyžička vanilkového extraktu
- 10 kvapiek stévie
- 4 unce bobúľ
- 2 lyžice vlašských orechov, nasekaných

Inštrukcie:

1. V miske zmiešame kokosové mlieko so stéviou a vanilkovým extraktom a vyšľaháme mixérom.
2. V inej miske zmiešame bobule s orechmi a premiešame.
3. Polovicu vanilkovo-kokosovej zmesi nalejte do 4 pohárov, pridajte vrstvu bobúľ a doplňte zvyškom vanilkovej zmesi.
4. Zakryte zmesou bobúľ a orechov, vložte do chladničky až do podávania.

Užite si to!

Výživa:kalórií 400, tuk 23, vláknina 4, sacharidy 6, bielkoviny 7

Jednoduchý avokádový puding

Je to také jednoduché vyrobiť si ho doma a podľa princípov keto!

Čas prípravy: 10 minút

Čas varenia: 0 minút

Porcie: 4

Ingrediencie:

- 2 avokáda, zbavené kôstok, olúpané a nakrájané
- 2 čajové lyžičky vanilkového extraktu
- 80 kvapiek stévie
- 1 lyžica limetkovej šťavy
- 14 uncí konzervovaného kokosového mlieka

Inštrukcie:

1. V mixéri zmiešajte avokádo s kokosovým mliekom, vanilkovým extraktom, stéviou a limetkovou šťavou, dobre premiešajte, lyžičkou vložte do malej misky a dajte do chladničky až do podávania.

Užite si to!

Výživa:kalórií 150, tuk 3, vláknina 3, sacharidy 5, bielkoviny 6

Mätové potešenie

Má takú sviežu textúru a chuť!

Čas prípravy:2 hodiny a 10 minút

Čas varenia: 0 minút

Porcie: 3

Ingrediencie:

- ½ šálky kokosového oleja, rozpusteného
- 3 kvapky stévie
- 1 lyžica kakaového prášku

Na puding:

- 1 lyžička mätového oleja
- 14 uncí konzervovaného kokosového mlieka
- 1 avokádo, zbavené kôstok, olúpané a nakrájané
- 10 kvapiek stévie

Inštrukcie:

1. V miske zmiešame kokosový olej s kakaovým práškom a 3 kvapkami stévie, dobre premiešame, preložíme do vystlanej nádoby a dáme na 1 hodinu do chladničky.
2. Nakrájajte ho na malé kúsky a nechajte zatiaľ bokom.

3. V mixéri zmiešajte kokosové mlieko s avokádom, 10 kvapkami stévie a mätovým olejom a dobre premiešajte.

4. Pridajte čokoládové lupienky, jemne ich vmiešajte, rozdeľte puding do misiek a dajte do chladničky na ďalšiu 1 hodinu.

Užite si to!

Výživa:kalórií 140, tuk 3, vláknina 2, sacharidy 3, bielkoviny 4

Úžasný kokosový puding

Tento keto puding musím milovať!

Čas prípravy: 10 minút

Čas varenia: 10 minút

Porcie: 4

Ingrediencie:

- 1 a 2/3 šálky kokosového mlieka
- 1 lyžica želatíny
- 6 polievkových lyžíc zahýbať
- 3 žĺtky
- ½ lyžičky vanilkového extraktu

Inštrukcie:

1. V miske zmiešame želatínu s 1 polievkovou lyžicou kokosového mlieka, dobre premiešame a necháme zatiaľ bokom.
2. Zvyšok mlieka vložte do panvice a zohrejte na strednom ohni.
3. Pridajte premiešajte, premiešajte a varte 5 minút.

4. V miske zmiešame žĺtky s horúcim kokosovým mliekom a vanilkovým extraktom, dobre premiešame a všetko vložíme späť do panvice.

5. Varte 4 minúty, pridajte želatínu a dobre premiešajte.

6. Rozdeľte ho do 4 foriem a až do podávania puding uchovávajte v chladničke.

Užite si to!

Výživa:kalórií 140, tuk 2, vláknina 0, sacharidy 2, bielkoviny 2

Špeciálny puding

Tento puding musíte vyskúšať aj vy!

Čas prípravy:4 hodiny a 10 minút

Čas varenia: 3 minúty

Porcie: 2

Ingrediencie:

- 4 lyžičky želatíny
- ¼ lyžičky tekutej stévie
- 1 šálka kokosového mlieka
- Štipka kardamónu, mletá
- ¼ lyžičky zázvoru, mletého
- Štipka muškátového orieška, mletá

Inštrukcie:

1. V miske zmiešajte ¼ šálky mlieka so želatínou a dobre premiešajte.

2. Zvyšok kokosového mlieka vložte do hrnca a zohrejte na strednom ohni.

3. Pridáme želatínu, premiešame, odstavíme z ohňa, necháme vychladnúť a potom dáme na 4 hodiny do chladničky.

4. Presuňte ho do kuchynského robota, pridajte stéviu, kardamón, muškátový oriešok a zázvor a pár minút mixujte.

5. Rozdelíme do dezertných pohárov a podávame studené.

Užite si to!

Výživa: kalórií 150, tuk 1, vláknina 0, sacharidy 2, bielkoviny 6

Čokoládové sušienky

Toto je jednoduchý a veľmi chutný nápad na keto dezert!

Čas prípravy: 10 minút

Čas varenia: 12 minút

Porcie: 8

Ingrediencie:

- 2 polievkové lyžice chia semienok
- 2 šálky mandlí
- 1 vajce
- ¼ šálky kokosového oleja
- ¼ šálky kokosu, strúhaného
- 2 polievkové lyžice stévie
- ¼ šálky kakaového prášku
- Štipka soli
- 1 lyžička sódy bikarbóny

Inštrukcie:

1. V kuchynskom robote zmiešajte chia semienka s mandľami a dobre premiešajte.

2. Pridajte kokos, vajce, kokosový olej, kakaový prášok, štipku soli, sódu bikarbónu a stéviu a dobre premiešajte.

3. Z tohto cesta vytvorte 8 kúskov sušienok, položte na vystlaný plech, vložte do rúry vyhriatej na 350 stupňov a pečte 12 minút.

4. Podávajte ich teplé alebo studené.

Užite si to!

Výživa:kalórií 200, tuk 2, vláknina 1, sacharidy 3, bielkoviny 4

Špeciálny dezert

Skúšali ste už pripraviť brownies na panvici?

Čas prípravy: 10 minút

Čas varenia: 30 minút

Porcie: 4

Ingrediencie:

- 1 vajce
- 1/3 šálky kakaového prášku
- 1/3 šálky erytritolu
- 7 polievkových lyžíc prepusteného masla
- Štipka soli
- ½ lyžičky vanilkového extraktu
- ¼ šálky mandľovej múky
- ¼ šálky vlašských orechov
- ½ lyžičky prášku do pečiva
- 1 lyžica arašidového masla

Inštrukcie:

1. Zohrejte panvicu so 6 lyžicami ghee a erytritolom na strednom ohni, premiešajte a varte 5 minút.

2. Preložíme do misky, pridáme soľ, vanilkový extrakt a kakaový prášok a dobre premiešame.

3. Pridajte vajíčko a znova dobre premiešajte.

4. Pridajte kvások, vlašské orechy a mandľovú múku, všetko dobre premiešajte a nalejte na panvicu.

5. V miske zmiešame 1 polievkovú lyžicu ghee s arašidovým maslom, zohrejeme na pár sekúnd v mikrovlnke a dobre premiešame.

6. Nalejte to na brownies zmiešané v panvici, vložte do rúry na 350 stupňov F a pečte 30 minút.

7. Brownies necháme vychladnúť, nakrájame a podávame.

Užite si to!

Výživa:kalórií 223, tuk 32, vláknina 1, sacharidy 3, bielkoviny 6

Chutné koláčiky

Podávajte tento keto dezert so šálkou čaju a vychutnajte si ho!

Čas prípravy: 10 minút

Čas varenia: 10 minút

Porcie: 10

Ingrediencie:

- ½ šálky kokosovej múky
- 1 šálka čučoriedok
- 2 vajcia
- ½ šálky hustej smotany
- ½ šálky ghee
- ½ šálky mandľovej múky
- Štipka soli
- 5 lyžíc stévie
- 2 čajové lyžičky vanilkového extraktu
- 2 lyžičky prášku do pečiva

Inštrukcie:

1. V miske zmiešame mandľovú múku s kokosovou múčkou, soľou, práškom do pečiva a čučoriedkami a dobre premiešame.

2. V inej miske zmiešame smotanu s ghee, vanilkovým extraktom, stéviou a vajíčkami a dobre premiešame.

3. Spojte 2 zmesi a miešajte, kým nezískate cesto.

4. Z tejto zmesi vytvorte 10 trojuholníkov, poukladajte na vystlaný plech, vložte do rúry vyhriatej na 350 °F a pečte 10 minút. Podávajte ich studené.

Užite si to!

Výživa:kalórií 130, tuk 2, vláknina 2, sacharidy 4, bielkoviny 3

Chutné čokoládové sušienky

Tieto keto sušienky si zamilujú aj vaše deti!

Čas prípravy: 10 minút

Čas varenia: 40 minút

Porcie: 12

Ingrediencie:

- 1 lyžička vanilkového extraktu
- ½ šálky ghee
- 1 vajce
- 2 lyžice kokosového cukru
- ¼ šálky riadená
- Štipka soli
- 2 šálky mandľovej múky
- ½ šálky nesladených čokoládových lupienkov

Inštrukcie:

1. Zohrejte panvicu s ghee na strednom ohni, premiešajte a varte do hneda.
2. Odstavíme z ohňa a necháme 5 minút odstáť.
3. V miske zmiešame vajíčko s vanilkovým extraktom, kokosovým cukrom a miešame a miešame.

4. Pridajte rozpustené ghee, múku, soľ a polovicu čokoládových lupienkov a všetko spolu premiešajte.

5. Preložíme na panvicu, navrch rozložíme zvyšné čokoládové lupienky, dáme piecť na 350 stupňov a pečieme 30 minút.

6. Vychladnuté nakrájajte a podávajte.

Užite si to!

Výživa:kalórií 230, tuk 12, vláknina 2, sacharidy 4, bielkoviny 5

Taco poháre

Tieto taco poháre sú perfektným predjedlom na párty!

Čas prípravy: 10 minút

Čas varenia: 40 minút

Porcie: 30

Ingrediencie:

- 1 libra hovädzieho mäsa, mleté
- 2 šálky syra čedar, nastrúhaného
- ¼ šálky vody
- Soľ a čierne korenie podľa chuti
- 2 lyžice rasce
- 2 lyžice čili prášku
- Pico de gallo slúžiť

Inštrukcie:

1. Rozdeľte lyžicu parmezánu na vystlaný plech, vložte do rúry vyhriatej na 350 °F a pečte 7 minút.

2. Syr nechajte 1 minútu vychladnúť, preneste do formy na košíčky a vytvarujte do košíčkov.

3. Medzitým zohrejte panvicu na stredne vysokú teplotu, pridajte hovädzie mäso, premiešajte a varte do hneda.

4. Pridajte vodu, soľ, korenie, rascu a čili prášok, premiešajte a varte ďalších 5 minút.

5. Rozdelíme do syrových pohárov, zakryjeme pico de gallo, preložíme na servírovací tanier a podávame.

Užite si to!

Výživa:kalórií 140, tuk 6, vláknina 0, sacharidy 6, bielkoviny 15

Chutné rolky z kuracieho vajca

Toto je presne to, čo potrebujete! Je to najlepšie predjedlo na keto párty!

Čas prípravy: 2 hodiny a 10 minút

Čas varenia: 15 minút

Porcie: 12

Ingrediencie:

- 4 unce modrého syra
- 2 šálky kuracieho mäsa, varené a jemne nakrájané
- Soľ a čierne korenie podľa chuti
- 2 zelené cibule, nakrájané
- 2 stonky zeleru, nakrájané nadrobno
- ½ šálky paradajkovej omáčky
- ½ lyžičky erytritolu
- 12 x obal na vaječné rolky
- Zeleninový olej

Inštrukcie:

1. V miske zmiešame kuracie mäso s nivou, soľou, korením, zelenou cibuľkou, zelerom, paradajkovou

omáčkou a sladidlom, dobre premiešame a dáme na 2 hodiny do chladničky.

2. Obaly z vajec položte na pracovnú dosku, rozdeľte na ne kuraciu zmes, zrolujte a zalepte okraje.

3. Zohrejte panvicu s rastlinným olejom na stredne vysokú teplotu, pridajte vaječné rolky, opečte do zlatista, otočte a opečte aj z druhej strany.

4. Poukladajte ich na servírovací tanier a podávajte.

Užite si to!

Výživa:kalórií 220, tuk 7, vláknina 2, sacharidy 6, bielkoviny 10

Syrové chrumky Halloumi

Tieto sú také chrumkavé a chutné!

Čas prípravy: 10 minút

Čas varenia: 5 minút

Porcie: 4

Ingrediencie:

- 1 šálka omáčky marinara
- 8 uncí syra halloumi, sušeného a nakrájaného na plátky
- 2 unce loja

Inštrukcie:

1. Zahrejte panvicu s lojom na stredne vysokú teplotu.
2. Pridajte kúsky halloumi, prikryte, opečte 2 minúty z každej strany a preneste na papierové utierky.
3. Prebytočný tuk scedíme, preložíme do misy a podávame s omáčkou marinara na boku.

Užite si to!

Výživa: kalórií 200, tuk 16, vláknina 1, sacharidy 1, bielkoviny 13

Jalapeno čipsy

Vyrobiť si ich doma je tak jednoduché!

Čas prípravy: 10 minút

Čas varenia: 25 minút

Porcie: 20

Ingrediencie:

- 3 polievkové lyžice olivového oleja
- 5 jalapenos, nakrájaných na plátky
- 8 uncí strúhaného parmezánu
- ½ lyžičky cibuľového prášku
- Soľ a čierne korenie podľa chuti
- Tabasco omáčka na servírovanie

Inštrukcie:

1. V miske premiešajte plátky jalapeňa so soľou, korením, olejom a cibuľovým práškom, premiešajte a rozložte na vystlaný plech.
2. Vložte do rúry vyhriatej na 450 °F a pečte 15 minút.
3. Vyberte plátky jalapeňo z rúry a nechajte ich vychladnúť.

4. V miske zmiešame plátky papriky so syrom a dobre utlačíme.

5. Všetky plátky poukladajte na ďalší vystlaný plech, vráťte do rúry a pečte ďalších 10 minút.

6. Nechajte jalapeňos vychladnúť, poukladajte na tanier a podávajte s omáčkou Tabasco na boku.

Užite si to!

Výživa:kalórií 50, tuk 3, vláknina 0,1, sacharidy 0,3, bielkoviny 2

Lahodné poháre na uhorky

Pripravte sa ochutnať niečo skutočne elegantné a chutné!

Čas prípravy: 10 minút

Čas varenia: 0 minút

Porcie: 24

Ingrediencie:

- 2 uhorky, olúpané, nakrájané na ¾-palcové plátky a zozbierané niektoré semená
- ½ šálky kyslej smotany
- Soľ a biele korenie podľa chuti
- 6 uncí údeného lososa, vo vločkách
- 1/3 šálky koriandra, nasekaného
- 2 lyžičky limetkovej šťavy
- 1 lyžica limetkovej kôry
- Štipka kajenského korenia

Inštrukcie:

1. V miske zmiešame lososa so soľou, korením, kajenským korením, kyslou smotanou, limetkovou šťavou a kôrou a koriandrom a dobre premiešame.

2. Naplňte každý uhorkový pohár touto lososovou
    zmesou, naaranžujte na tanier a podávajte ako keto
    predjedlo.

Užite si to!

Výživa:kalórií 30, tuk 11, vláknina 1, sacharidy 1, bielkoviny 2

Kaviárový šalát

Je to také elegantné! Je to tak chutné a sofistikované!

Čas prípravy: 6 minút

Čas varenia: 0 minút

Porcie: 16

Ingrediencie:

- 8 vajec, natvrdo uvarených, olúpaných a roztlačených vidličkou
- 4 unce čierneho kaviáru
- 4 unce červeného kaviáru
- Soľ a čierne korenie podľa chuti
- 1 žltá cibuľa nakrájaná nadrobno
- ¾ šálky majonézy
- Niekoľko plátkov opečenej bagety na podávanie

Inštrukcie:

1. V miske zmiešame roztlačené vajcia s majonézou, soľou, korením a cibuľou a dobre premiešame.
2. Opečené plátky bagety potrieme vaječným šalátom a navrch posypeme kaviárom.

Užite si to!

Výživa:kalórií 122, tuk 8, vláknina 1, sacharidy 4, bielkoviny 7

Marinované kebaby

Toto je dokonalá chuťovka na letnú grilovačku!

Čas prípravy: 20 minút

Čas varenia: 10 minút

Porcie: 6

Ingrediencie:

- 1 červená paprika, nakrájaná na kúsky
- 1 zelená paprika, nakrájaná na kúsky
- 1 pomarančová paprika, nakrájaná na kúsky
- 2 libry sviečkovej, nakrájanej na stredné kocky
- 4 strúčiky cesnaku, mleté
- 1 červená cibuľa, nakrájaná
- Soľ a čierne korenie podľa chuti
- 2 lyžice dijonskej horčice
- 2 1/2 lyžice worcesterskej omáčky
- ¼ šálky tamari omáčky
- ¼ šálky citrónovej šťavy
- ½ šálky olivového oleja

Inštrukcie:

1. V miske zmiešame worcesterskú omáčku so soľou, korením, cesnakom, horčicou, tamari, citrónovou šťavou a olejom a dobre premiešame.
2. Do tejto zmesi pridajte hovädzie mäso, papriku a kúsky cibule, premiešajte a nechajte niekoľko minút bokom.
3. Papriku, kocky mäsa a kúsky cibule poukladáme na špízy striedavo, položíme na predhriaty gril na stredne vysokú teplotu, opekáme 5 minút z každej strany, preložíme na servírovací tanier a podávame ako letné keto predjedlo.

Užite si to!

Výživa:kalórií 246, tuk 12, vláknina 1, sacharidy 4, bielkoviny 26

Jednoduché cuketové rolky

Toto jednoduché a veľmi chutné predjedlo musíte čo najskôr vyskúšať!

Čas prípravy: 10 minút

Čas varenia: 5 minút

Porcie: 24

Ingrediencie:

- 2 polievkové lyžice olivového oleja
- 3 cukety, nakrájané na tenké plátky
- 24 lístkov bazalky
- 2 lyžice mäty, nasekané
- 1 1/3 šálky tvarohu
- Soľ a čierne korenie podľa chuti
- ¼ šálky nasekanej bazalky
- Paradajková omáčka na servírovanie

Inštrukcie:

1. Plátky cukety potrieme olivovým olejom, ochutíme soľou a korením z oboch strán, položíme na rozohriaty gril na strednom ohni, opekáme 2 minúty, otočíme a opekáme ďalšie 2 minúty.

2. Plátky cukety poukladáme na tanier a necháme ich zatiaľ bokom.

3. V miske zmiešame ricottu s nasekanou bazalkou, mätou, soľou a korením a dobre premiešame.

4. Natrieme na plátky cukety, tiež rozdelíme celé lístky bazalky, zvinieme a podávame ako predjedlo s trochou paradajkovej omáčky na boku.

Užite si to!

Výživa:kalórií 40, tuk 3, vláknina 0,3, sacharidy 1, bielkoviny 2

Jednoduché zelené krekry

Je naozaj zábavné ich vyrábať a chutia úžasne!

Čas prípravy: 10 minút

Doba varenia: 24 hodín

Porcie: 6

Ingrediencie:

- 2 šálky ľanových semienok, mleté
- 2 šálky ľanových semienok, namočených cez noc a scedených
- 4 zväzky kelu, nasekaný
- 1 zväzok nasekanej bazalky
- ½ zväzku nakrájaného zeleru
- 4 strúčiky cesnaku, mleté
- 1/3 šálky olivového oleja

Inštrukcie:

1. V kuchynskom robote skombinujte pomleté ľanové semienka so zelerom, kelom, bazalkou a cesnakom a dobre premiešajte.
2. Pridajte olej a namočené ľanové semienko a znova premiešajte.

3. Rozložte ho na podnos, nakrájajte na stredné krekry, vložte do sušičky a sušte 24 hodín pri 115 stupňoch F, pričom ich v polovici otočte.

4. Poukladajte ich na servírovací tanier a podávajte.

Užite si to!

Výživa:kalórií 100, tuk 1, vláknina 2, sacharidy 1, bielkoviny 4

Terina z pesta a syra

Vyzerá to tak úžasne a chutí úžasne!

Čas prípravy: 30 minút

Čas varenia: 0 minút

Porcie: 10

Ingrediencie:

- ½ šálky hustej smotany
- 10 uncí kozieho syra, rozdrveného
- 3 lyžice bazalkového pesta
- Soľ a čierne korenie podľa chuti
- 5 sušených paradajok, nakrájaných
- ¼ šálky píniových orieškov, opečených a nasekaných
- 1 lyžica píniových orieškov, opražených a nasekaných

Inštrukcie:

1. V miske zmiešame kozí syr so smotanou, soľou a korením a rozmixujeme mixérom.
2. Polovicu tejto zmesi nalejeme do vystlanej misy a rozotrieme.
3. Navrch pridáme pesto a tiež rozotrieme.

4. Pridajte ďalšiu vrstvu syra, potom pridajte sušené paradajky a ¼ šálky píniových orieškov.

5. Natrieme poslednú vrstvu syra a ozdobíme 1 lyžicou píniových orieškov.

6. Uložíme na chvíľu do chladničky, preložíme na tanier a podávame.

Užite si to!

Výživa:kalórií 240, tuk 12, vláknina 3, sacharidy 5, bielkoviny 12

Avokádová omáčka

Budete to robiť znova a znova! Tak to je chutné!

Čas prípravy: 10 minút

Čas varenia: 0 minút

Porcie: 4

Ingrediencie:

- 1 malá červená cibuľa, nakrájaná
- 2 avokáda, zbavené kôstok, olúpané a nakrájané
- 3 papričky jalapeňo, nakrájané
- Soľ a čierne korenie podľa chuti
- 2 lyžice rascového prášku
- 2 lyžice limetkovej šťavy
- ½ paradajky, nakrájané

Inštrukcie:

1. V miske zmiešame cibuľu s avokádom, paprikou, soľou, čiernym korením, rascou, limetkovou šťavou a kúskami paradajok a dobre premiešame.
2. Preložíme do misky a podávame s opečenými plátkami bagety ako keto predjedlo.

Užite si to!

Výživa:kalórií 120, tuk 2, vláknina 2, sacharidy 0,4, bielkoviny 4

Chutné vaječné lupienky

Chcete všetkých prekvapiť? Tak vyskúšajte tieto chipsy!

Čas prípravy: 5 minút

Čas varenia: 10 minút

Porcie: 2

Ingrediencie:

- ½ lyžice vody
- 2 lyžice parmezánu, nasekaný
- 4 bielka
- Soľ a čierne korenie podľa chuti

Inštrukcie:

1. V miske zmiešame bielka so soľou, korením a vodou a dobre vyšľaháme.
2. Nalejte do formy na muffiny, posypte syrom, vložte do rúry vyhriatej na 400 stupňov F a pečte 15 minút.
3. Presuňte lupienky z vaječných bielkov na servírovací tanier a podávajte s keto dipom na boku.

Užite si to!

Výživa:kalórií 120, tuk 2, vláknina 1, sacharidy 2, bielkoviny 7

Chili Lime Chips

Tieto krekry vás ohromia svojou úžasnou chuťou!

Čas prípravy: 10 minút

Čas varenia: 20 minút

Porcie: 4

Ingrediencie:

- 1 šálka mandľovej múky
- Soľ a čierne korenie podľa chuti
- 1 ½ lyžičky limetkovej kôry
- 1 lyžička limetkovej šťavy
- 1 vajce

Inštrukcie:

1. V miske zmiešame mandľovú múku s limetkovou kôrou, limetkovou šťavou a soľou a premiešame.
2. Pridáme vajce a opäť dobre prešľaháme.
3. Rozdelíme ho na 4 časti, z každej vyvaľkáme guľu a potom dobre vyvaľkáme valčekom.
4. Každý nakrájajte na 6 trojuholníkov, poukladajte ich na vystlaný plech, vložte do rúry vyhriatej na 350 °F a pečte 20 minút.

Užite si to!

Výživa:kalórií 90, tuk 1, vláknina 1, sacharidy 0,6, bielkoviny 3

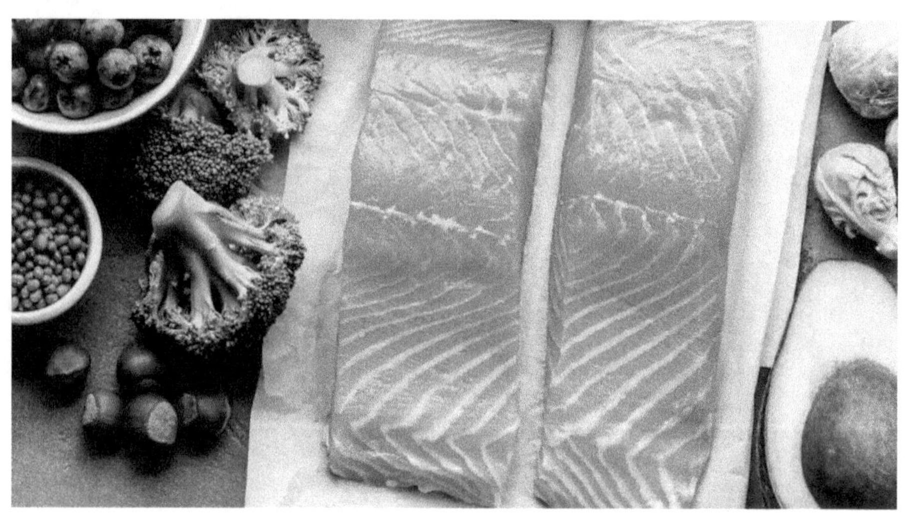

artičoková omáčka

Je to tak bohaté a chutné!

Čas prípravy: 10 minút

Čas varenia: 15 minút

Porcie: 16

Ingrediencie:

- ¼ šálky kyslej smotany
- ¼ šálky hustej smotany
- ¼ šálky majonézy
- ¼ šálky šalotky, nakrájanej
- 1 lyžica olivového oleja
- 2 strúčiky cesnaku, mleté
- 4 unce smotanového syra
- ½ šálky strúhaného parmezánu
- 1 šálka mozzarelly, nastrúhanej
- 4 unce syra feta, rozdrveného
- 1 lyžica balzamikového octu
- 28 uncí konzervovaných artičokových sŕdc, nasekaných
- Soľ a čierne korenie podľa chuti
- 10 uncí špenát, nasekaný

Inštrukcie:

1. Zohrejte panvicu s olejom na strednom ohni, pridajte šalotku a cesnak, premiešajte a varte 3 minúty.

2. Pridajte smotanu a smotanový syr a premiešajte.

3. Pridáme aj kyslú smotanu, parmezán, majonézu, fetu a mozzarellu, premiešame a znížime oheň.

4. Pridáme artičoky, špenát, soľ, korenie a ocot, dobre premiešame, odstavíme z ohňa a preložíme do misy.

5. Podávame ako chutný keto dip.

Užite si to!

Výživa:kalórií 144, tuk 12, vláknina 2, sacharidy 5, bielkoviny 5

Ketogénne recepty na ryby a morské plody

Špeciálny rybí koláč

Toto je naozaj krémové a bohaté!

Čas prípravy: 10 minút

Čas varenia:1 hodina a 10 minút

Porcie: 6

Ingrediencie:

- 1 červená cibuľa, nakrájaná
- 2 filety lososa, zbavené kože a nakrájané na stredné kúsky
- 2 filé z makrely, bez kože a nakrájané na stredné kúsky
- 3 filé z tresky a nakrájame na stredné kúsky
- 2 bobkové listy
- ¼ šálky ghí + 2 polievkové lyžice ghí
- 1 hlávka karfiolu, kvety oddelené
- 4 vajcia
- 4 klinčeky
- 1 šálka smotany na šľahanie
- ½ šálky vody
- Štipka muškátového orieška, mletá
- 1 lyžička dijonskej horčice
- 1 šálka syra čedar, strúhaného + ½ šálky syra čedar, strúhaného

- Trochu nasekanej petržlenovej vňate
- Soľ a čierne korenie podľa chuti
- 4 lyžice nasekanej pažítky

Inštrukcie:

1. Do hrnca dáme trochu vody, osolíme, na miernom ohni privedieme do varu, pridáme vajcia, varíme 10 minút, odstavíme z ohňa, scedíme, necháme vychladnúť, ošúpeme a nakrájame na štvrtiny.

2. Vložte vodu do iného hrnca, priveďte do varu, pridajte ružičky karfiolu, varte 10 minút, sceďte, preložte do mixéra, pridajte ¼ šálky ghee, dobre prešľahajte a preložte do misy.

3. Vložte smotanu a ½ šálky vody na panvicu, pridajte rybu, premiešajte, aby sa spojila a zohrejte na strednom ohni.

4. Pridajte cibuľu, klinčeky a bobkové listy, priveďte do varu, znížte teplotu a varte 10 minút.

5. Odstavíme z ohňa, rybu preložíme do pekáča a necháme bokom.

6. Panvicu s rybacou omáčkou opäť zohrejeme, pridáme muškátový oriešok, premiešame a varíme 5 minút.

7. Odstráňte z tepla, odstráňte klinčeky a bobkové listy, pridajte 1 šálku syra čedar a 2 lyžice ghee a dobre premiešajte.

8. Na rybu v pekáči poukladáme štvrtky vajec.

9. Navrch pridajte smotanovú a syrovú omáčku, navrch položte roztlačený karfiol, posypte zvyšným syrom

čedar, pažítkou a petržlenovou vňaťou, vložte do rúry vyhriatej na 400 stupňov na 30 minút.

10. Pred krájaním a podávaním nechajte koláč trochu vychladnúť.

Užite si to!

Výživa:kalórií 300, tuk 45, vláknina 3, sacharidy 5, bielkoviny 26

Chutné pečené ryby

Je to ľahké keto jedlo, ktoré si dnes večer môžete vychutnať na večeru!

Čas prípravy: 10 minút

Čas varenia: 30 minút

Porcie: 4

Ingrediencie:

- 1 libra tresky jednoškvrnnej
- 3 lyžičky vody
- 2 lyžice citrónovej šťavy
- Soľ a čierne korenie podľa chuti
- 2 lyžice majonézy
- 1 lyžička kôprovej buriny
- Sprej na pečenie
- Štipka starého bobkového korenia

Inštrukcie:

1. Plech na pečenie postriekame trochou oleja na pečenie.
2. Pridajte citrónovú šťavu, vodu a ryby a premiešajte, aby sa obalili.

3. Pridajte soľ, korenie, korenie na staré bobky a kôprovú burinu a znova premiešajte.

4. Pridajte majonézu a dobre rozotrite.

5. Vložte do rúry na 350 stupňov F a pečte 30 minút.

6. Rozdeľte medzi taniere a podávajte.

Užite si to!

Výživa:kalórií 104, tuk 12, vláknina 1, sacharidy 0,5, bielkoviny 20

Úžasná tilapia

Toto vynikajúce jedlo je ideálne pre špeciálny večer!

Čas prípravy: 10 minút

Čas varenia: 10 minút

Porcie: 4

Ingrediencie:

- 4 vykostené filety tilapie
- Soľ a čierne korenie podľa chuti
- ½ šálky strúhaného parmezánu
- 4 lyžice majonézy
- ¼ lyžičky sušenej bazalky
- ¼ lyžičky cesnakového prášku
- 2 lyžice citrónovej šťavy
- ¼ šálky ghí
- Sprej na pečenie
- Štipka cibuľového prášku

Inštrukcie:

1. Plech na pečenie postriekame sprejom na pečenie, položíme naň tilapiu, dochutíme soľou a korením, položíme na rozohriaty gril a opekáme 3 minúty.

2. Rybu otočte na druhú stranu a grilujte ďalšie 3 minúty.

3. V miske zmiešame parmezán s majonézou, bazalkou, cesnakom, citrónovou šťavou, cibuľovým práškom a ghee a dobre premiešame.

4. Do tejto zmesi pridajte rybu, dobre premiešajte, aby sa obalila, položte na pekáč a opekajte ďalšie 3 minúty.

5. Preložíme na taniere a podávame.

Užite si to!

Výživa:kalórií 175, tuk 10, vláknina 0, sacharidy 2, bielkoviny 17

Úžasný pstruh a špeciálna omáčka

Jediné, čo musíte urobiť, je vyskúšať túto úžasnú kombináciu! Toto keto jedlo je úžasné!

Čas prípravy: 10 minút

Čas varenia: 10 minút

Porcie: 1

Ingrediencie:

- 1 veľký filet zo pstruha
- Soľ a čierne korenie podľa chuti
- 1 lyžica olivového oleja
- 1 polievková lyžica prepusteného masla
- Kôra a šťava z 1 pomaranča
- Hrsť nasekanej petržlenovej vňate
- ½ šálky pekanových orechov, nasekaných

Inštrukcie:

1. Panvicu s olejom rozohrejeme na stredne vysokej teplote, pridáme rybie filé, ochutíme soľou a korením, opečieme z každej strany 4 minúty, preložíme na tanier a zatiaľ udržujeme v teple.

2. Zahrejte tú istú panvicu s ghee na strednom ohni, pridajte pekanové orechy, premiešajte a opekajte 1 minútu.

3. Pridáme pomarančovú šťavu a kôru, trochu soli a korenia a nasekanú petržlenovú vňať, premiešame, povaríme 1 minútu a nalejeme na rybie filé.

4. Ihneď podávajte.

Užite si to!

Výživa: kalórií 200, tuk 10, vláknina 2, sacharidy 1, bielkoviny 14

Úžasný pstruh a vyčírená maslová omáčka

Ryba sa tak dobre hodí k omáčke! Dnes to musíte vyskúšať!

Čas prípravy: 10 minút

Čas varenia: 10 minút

Porcie: 4

Ingrediencie:

- 4 filety zo pstruha
- Soľ a čierne korenie podľa chuti
- 3 lyžičky strúhanej citrónovej kôry
- 3 lyžice nasekanej pažítky
- 6 polievkových lyžíc prepusteného masla
- 2 polievkové lyžice olivového oleja
- 2 čajové lyžičky citrónovej šťavy

Inštrukcie:

1. Pstruha osolíme, okoreníme, pokvapkáme olivovým olejom a trochu premasírujeme.
2. Kuchynský gril rozohrejeme na stredne vysokú teplotu, pridáme rybie filé, opekáme 4 minúty, otočíme a varíme ďalšie 4 minúty.

3. Medzitým zohrejte panvicu s prepusteným maslom na strednom ohni, pridajte soľ, korenie, pažítku, citrónovú šťavu a kôru a dobre premiešajte.

4. Rybie filé rozdeľte na taniere, polejte ghee omáčkou a podávajte.

Užite si to!

Výživa:kalórií 320, tuk 12, vláknina 1, sacharidy 2, bielkoviny 24

Pečený losos

Neváhajte a podávajte ho na špeciálnu príležitosť!

Čas prípravy: 10 minút

Čas varenia: 12 minút

Porcie: 4

Ingrediencie:

- 2 lyžice prepusteného masla, mäkké
- 1 a ¼ libry filé z lososa
- 2 unce kimchi, jemne nasekané
- Soľ a čierne korenie podľa chuti

Inštrukcie:

1. V kuchynskom robote zmiešajte ghee s kimchi a dobre premiešajte.
2. Lososa potrieme soľou, korením a zmesou kimchi a uložíme na pekáč.
3. Vložte do rúry na 425 stupňov F a pečte 15 minút.
4. Rozdeľte na taniere a podávajte s prílohou.

Užite si to!

Výživa:kalórií 200, tuk 12, vláknina 0, sacharidy 3, bielkoviny 21

Lahodné mäsové guľky z lososa

Skombinujte tieto chutné lososové karbonátky s dijonskou omáčkou

a užívajte si!

Čas prípravy: 10 minút

Čas varenia: 30 minút

Porcie: 4

Ingrediencie:

- 2 lyžice prepusteného masla
- 2 strúčiky cesnaku, mleté
- 1/3 šálky cibule, nakrájanej
- 1 libra divokého lososa, vykosteného a nasekaného
- ¼ šálky nasekanej pažítky
- 1 vajce
- 2 lyžice dijonskej horčice
- 1 lyžica kokosovej múky
- Soľ a čierne korenie podľa chuti

Na omáčku:

- 4 strúčiky cesnaku, mleté
- 2 lyžice prepusteného masla
- 2 lyžice dijonskej horčice

- Šťava a kôra z 1 citróna
- 2 šálky kokosového krému
- 2 lyžice nasekanej pažítky

Inštrukcie:

1. Zohrejte panvicu s 2 polievkovými lyžicami ghí na strednom ohni, pridajte cibuľu a 2 strúčiky cesnaku, premiešajte, povarte 3 minúty a preložte do misy.
2. V inej miske zmiešame cibuľu a cesnak s lososom, pažítkou, kokosovou múčkou, soľou, korením, 2 lyžicami horčice a vajcom a dobre premiešame.
3. Zo zmesi lososa vytvorte karbonátky, položte na plech, vložte do rúry vyhriatej na 350 °F a pečte 25 minút.
4. Medzitým zohrejte panvicu s 2 polievkovými lyžicami ghí na strednom ohni, pridajte 4 strúčiky cesnaku, premiešajte a varte 1 minútu.
5. Pridajte kokosovú smotanu, 2 lyžice dijonskej horčice, citrónovú šťavu a kôru a pažítku, premiešajte a povarte 3 minúty.
6. Lososové mäsové guľky vyberte z rúry, nalejte ich do dijonskej omáčky, poduste, povarte 1 minútu a odstavte z ohňa.
7. Rozdelíme do misiek a podávame.

Užite si to!

Výživa:kalórií 171, tuk 5, vláknina 1, sacharidy 6, bielkoviny 23

Losos s kaparovou omáčkou

Toto jedlo je úžasné a veľmi jednoduché na prípravu!

Čas prípravy: 10 minút

Čas varenia: 20 minút

Porcie: 3

Ingrediencie:

- 3 filety z lososa
- Soľ a čierne korenie podľa chuti
- 1 lyžica olivového oleja
- 1 polievková lyžica talianskeho korenia
- 2 polievkové lyžice kapary
- 3 polievkové lyžice citrónovej šťavy
- 4 strúčiky cesnaku, mleté
- 2 lyžice prepusteného masla

Inštrukcie:

1. Panvicu s olivovým olejom rozohrejeme na strednom ohni, pridáme rybie filé kožou nahor, ochutíme soľou, korením a talianskym korením, povaríme 2 minúty, obrátime a varíme ďalšie 2 minúty, odstavíme z ohňa, panvicu prikryjeme a necháme bokom na 15 minút.

2. Rybu preložíme na tanier a necháme bokom.

3. Zohrejte tú istú panvicu na strednom ohni, pridajte kapary, citrónovú šťavu a cesnak, premiešajte a varte 2 minúty.

4. Odstráňte panvicu z ohňa, pridajte prepustené maslo a dobre premiešajte.

5. Rybu vrátime do panvice a dochutíme omáčkou.

6. Rozdeľte medzi taniere a podávajte.

Užite si to!

Výživa:kalórií 245, tuk 12, vláknina 1, sacharidy 3, bielkoviny 23

Jednoduché grilované ustrice

Tieto sú také šťavnaté a chutné!

Čas prípravy: 10 minút

Čas varenia: 10 minút

Porcie: 3

Ingrediencie:

- 6 veľkých ustríc, vylúpaných
- 3 strúčiky cesnaku, mleté
- 1 citrón nakrájaný na kolieska
- 1 lyžica petržlenu
- Štipka sladkej papriky
- 2 lyžice rozpusteného ghí

Inštrukcie:

1. Každú hlivu ozdobte ghee, petržlenovou vňaťou, paprikou a ghee.
2. Položte ich na predhriaty gril na stredne vysokú teplotu a pečte 8 minút.
3. Podávajte ich bokom s kolieskami citróna.

Užite si to!

Výživa:kalórií 60, tuk 1, vláknina 0, sacharidy 0,6, bielkoviny 1

Pečený halibut

Je to vynikajúca ryba a ak sa ju rozhodnete pripraviť týmto spôsobom, budete ju naozaj milovať!

Čas prípravy: 10 minút

Čas varenia: 10 minút

Porcie: 4

Ingrediencie:

- ½ šálky strúhaného parmezánu
- ¼ šálky ghí
- ¼ šálky majonézy
- 2 lyžice zelenej cibule, nasekané
- 6 strúčikov cesnaku, mletého
- Štipka omáčky Tabasco
- 4 filety halibuta
- Soľ a čierne korenie podľa chuti
- Šťava z ½ citróna

Inštrukcie:

1. Halibuta dochutíme soľou, korením a trochou citrónovej šťavy, položíme na plech a pečieme v rúre vyhriatej na 450 stupňov 6 minút.

2. Medzitým zohrejte panvicu s ghee na strednom ohni, pridajte parmezán, majonézu, zelenú cibuľku, omáčku Tabasco, cesnak a zvyšok citrónovej šťavy a dobre premiešajte.

3. Vyberte rybu z rúry, nalejte parmezánovú omáčku, zapnite rúru na grilovanie a rybu varte 3 minúty.

4. Rozdeľte medzi taniere a podávajte.

Užite si to!

Výživa:kalórií 240, tuk 12, vláknina 1, sacharidy 5, bielkoviny 23

Losos v kôre

Kôra je úžasná!

Čas prípravy: 10 minút

Čas varenia: 15 minút

Porcie: 4

Ingrediencie:

- 3 strúčiky cesnaku, mleté
- 2 libry filé z lososa
- Soľ a čierne korenie podľa chuti
- ½ šálky strúhaného parmezánu
- ¼ šálky nasekanej petržlenovej vňate

Inštrukcie:

1. Lososa položíme na vystlaný plech, dochutíme soľou a korením, prikryjeme papierom na pečenie, vložíme do rúry vyhriatej na 425 stupňov a pečieme 10 minút.
2. Rybu vyberte z rúry, posypte parmezánom, petržlenovou vňaťou a cesnakom, vráťte do rúry a pečte ďalších 5 minút.
3. Rozdeľte medzi taniere a podávajte.

Užite si to!

Výživa:kalórií 240, tuk 12, vláknina 1, sacharidy 0,6, bielkoviny 25

Losos z kyslej smotany

Je to perfektné keto jedlo na víkendové jedlo!

Čas prípravy: 10 minút

Čas varenia: 15 minút

Porcie: 4

Ingrediencie:

- 4 filety z lososa
- Kvapka olivového oleja
- Soľ a čierne korenie podľa chuti
- 1/3 šálky parmezánu, strúhaný
- 1 a pol lyžičky horčice
- ½ šálky kyslej smotany

Inštrukcie:

1. Lososa položíme na vystlaný plech, ochutíme soľou, korením a kvapkou oleja.
2. V miske zmiešame kyslú smotanu s parmezánom, horčicou, soľou a korením a dobre premiešame.
3. Nalejte túto zmes kyslej smotany na lososa, vložte do rúry na 350 stupňov F a pečte 15 minút.
4. Rozdeľte medzi taniere a podávajte.

Užite si to!

Výživa: kalórií 200, tuk 6, vláknina 1, sacharidy 4, bielkoviny 20

Grilovaný losos

Tento grilovaný losos by sa mal podávať s avokádovou salsou!

Čas prípravy: 30 minút

Čas varenia: 10 minút

Porcie: 4

Ingrediencie:

- 4 filety z lososa
- 1 lyžica olivového oleja
- Soľ a čierne korenie podľa chuti
- 1 lyžička rasce, mletá
- 1 lyžička sladkej papriky
- ½ čajovej lyžičky ancho čili prášku
- 1 lyžička cibuľového prášku

Na omáčku:

- 1 malá červená cibuľa, nakrájaná
- 1 avokádo, zbavené kôstok, olúpané a nakrájané
- 2 lyžice nasekaného koriandra
- Šťava z 2 limetiek
- Soľ a čierne korenie podľa chuti

Inštrukcie:

1. V miske zmiešame soľ, korenie, čili prášok, cibuľový prášok, papriku a rascu.

2. Touto zmesou potrieme lososa, pokvapkáme olejom a opäť potrieme a opekáme na rozohriatom grile 4 minúty z každej strany.

3. Medzitým si v miske zmiešame avokádo s červenou cibuľou, soľou, korením, koriandrom a limetkovou šťavou a premiešame.

4. Lososa rozdelíme na taniere a každé filé zalejeme avokádovou omáčkou.

Užite si to!

Výživa:kalórií 300, tuk 14, vláknina 4, sacharidy 5, bielkoviny 20

Chutné tuniakové koláčiky

Dnes večer jednoducho musíte urobiť tieto keto koláče pre vašu rodinu!

Čas prípravy: 10 minút

Čas varenia: 10 minút

Porcie: 12

Ingrediencie:

- 15 uncí konzervovaného tuniaka, dobre sceďte a olúpajte
- 3 vajcia
- ½ lyžičky kôpru, sušeného
- 1 lyžička sušenej petržlenovej vňate
- ½ šálky červenej cibule, nakrájanej
- 1 lyžička cesnakového prášku
- Soľ a čierne korenie podľa chuti
- Vyprážajte olej

Inštrukcie:

1. V miske zmiešame tuniaka so soľou, korením, kôprom, petržlenovou vňaťou, cibuľou, cesnakovým práškom a vajíčkami a dobre premiešame.

2. Vytvorte koláče a položte ich na tanier.

3. Zohrejte panvicu s kvapkou oleja na stredne vysokú teplotu, pridajte tuniakové placky, opekajte 5 minút z každej strany.

4. Rozdeľte medzi taniere a podávajte.

Užite si to!

Výživa:kalórií 140, tuk 2, vláknina 1, sacharidy 0,6, bielkoviny 6

Veľmi chutný kód

Dnes vám odporúčame vyskúšať keto jedlo z tresky!

Čas prípravy: 10 minút

Čas varenia: 20 minút

Porcie: 4

Ingrediencie:

- 1 libra tresky, nakrájaná na stredné kúsky
- Soľ a čierne korenie podľa chuti
- 2 zelené cibule, nakrájané
- 3 strúčiky cesnaku, mleté
- 3 lyžice sójovej omáčky
- 1 šálka rybieho vývaru
- 1 lyžica balzamikového octu
- 1 lyžica zázvoru, strúhaného
- ½ lyžičky nakrájanej chilli papričky

Inštrukcie:

1. Zohrejte panvicu na stredne vysokú teplotu, pridajte kúsky rýb a opečte ich niekoľko minút z každej strany.

2. Pridajte cesnak, zelenú cibuľku, soľ, korenie, sójovú omáčku, rybí vývar, ocot, chilli a zázvor, premiešajte, prikryte, znížte teplotu a varte 20 minút.

3. Rozdeľte medzi taniere a podávajte.

Užite si to!

Výživa:kalórií 154, tuk 3, vláknina 0,5, sacharidy 4, bielkoviny 24

Treska s raketou

Je to skvelé keto jedlo, ktoré bude pripravené na servírovanie za chvíľu!

Čas prípravy: 10 minút

Čas varenia: 20 minút

Porcie: 2

Ingrediencie:

- 2 filety z tresky
- 1 lyžica olivového oleja
- Soľ a čierne korenie podľa chuti
- Šťava z 1 citróna
- 3 šálky rukoly
- ½ šálky čiernych olív zbavených kôstok a nakrájaných na plátky
- 2 polievkové lyžice kapary
- 1 strúčik mletého cesnaku

Inštrukcie:

1. Rybie filé poukladáme do zapekacej misy, ochutíme soľou, korením, kvapkou oleja a citrónovou šťavou,

dobre premiešame, vložíme do rúry na 450 stupňov a pečieme 20 minút.

2. V kuchynskom robote zmiešajte rukolu so soľou, korením, kaparami, olivami a cesnakom a trochu rozmixujte.

3. Rybu poukladáme na taniere, ozdobíme raketovou tapenádou a podávame.

Užite si to!

Výživa:kalórií 240, tuk 5, vláknina 3, sacharidy 3, bielkoviny 10

Pečený halibut a zelenina

Tento skvelý nápad na keto budete milovať!

Čas prípravy: 10 minút

Čas varenia: 35 minút

Porcie: 2

Ingrediencie:

- 1 červená paprika, nahrubo nasekaná
- 1 žltá paprika, nahrubo nasekaná
- 1 lyžička balzamikového octu
- 1 lyžica olivového oleja
- 2 filety halibuta
- 2 šálky baby špenátu
- Soľ a čierne korenie podľa chuti
- 1 lyžička rasce

Inštrukcie:

1. V miske zmiešame papriky so soľou, korením, polovicou oleja a octom, premiešame, aby sa dobre obalili a preložíme do zapekacej misy.

2. Vložte do rúry vyhriatej na 400 °F a pečte 20 minút.

3. Na miernom ohni rozohrejeme panvicu so zvyškom oleja, pridáme rybu, ochutíme soľou, korením a rascou a opečieme zo všetkých strán.

4. Panvicu vyberieme z rúry, pridáme špenát, jemne premiešame a celú zmes rozdelíme na taniere.

5. Rybu pridajte oddelene, znova posypte soľou a korením a podávajte.

Užite si to!

Výživa:kalórií 230, tuk 12, vláknina 1, sacharidy 4, bielkoviny 9

Chutné rybie kari

Skúšali ste už ketogénne kari? Potom by ste mali naozaj venovať pozornosť!

Čas prípravy: 10 minút

Čas varenia: 25 minút

Porcie: 4

Ingrediencie:

- 4 filety z bielej ryby
- ½ lyžičky horčičných semienok
- Soľ a čierne korenie podľa chuti
- 2 zelené čili, nasekané
- 1 lyžička zázvoru, strúhaného
- 1 lyžička kari
- ¼ lyžičky rasce, mletá
- 4 lyžice kokosového oleja
- 1 malá červená cibuľa, nakrájaná
- 1 palec koreňa kurkumy, strúhaný
- ¼ šálky koriandra
- 1 ½ šálky kokosovej smotany
- 3 strúčiky cesnaku, mleté

Inštrukcie:

1. Zohrejte panvicu s polovicou kokosového oleja na strednom ohni, pridajte horčičné semienka a varte 2 minúty.
2. Pridajte zázvor, cibuľu a cesnak, premiešajte a varte 5 minút.
3. Pridajte kurkumu, kari, čili a rascu, premiešajte a varte ďalších 5 minút.
4. Pridajte kokosové mlieko, soľ a korenie, premiešajte, privedťe do varu a varte 15 minút.
5. Zohrejte ďalšiu panvicu so zvyškom oleja na strednom ohni, pridajte rybu, premiešajte a varte 3 minúty.
6. Pridajte to do kari omáčky, premiešajte a varte ďalších 5 minút.
7. Pridajte koriander, premiešajte, rozdeľte do misiek a podávajte.

Užite si to!

Výživa:kalórií 500, tuk 34, vláknina 7, sacharidy 6, bielkoviny 44

Lahodné krevety

Je to jednoduchý a chutný nápad na večeru!

Čas prípravy: 10 minút

Čas varenia: 10 minút

Porcie: 4

Ingrediencie:

- 2 polievkové lyžice olivového oleja
- 1 polievková lyžica prepusteného masla
- 1 libra kreviet, olúpaných a očistených
- 2 lyžice citrónovej šťavy
- 2 lyžice cesnaku, mletého
- 1 lyžica citrónovej kôry
- Soľ a čierne korenie podľa chuti

Inštrukcie:

1. Zohrejte panvicu s olejom a ghee na stredne vysokú teplotu, pridajte krevety a varte 2 minúty.
2. Pridajte cesnak, premiešajte a varte ďalšie 4 minúty.
3. Pridajte citrónovú šťavu, citrónovú kôru, soľ a korenie, premiešajte, odstavte z ohňa a podávajte.

Užite si to!

Výživa:kalórií 149, tuk 1, vláknina 3, sacharidy 1, bielkoviny 6

Pečené Barramundi

Toto je výnimočné jedlo!

Čas prípravy: 10 minút

Čas varenia: 12 minút

Porcie: 4

Ingrediencie:

- 2 filety barramundi
- 2 lyžičky olivového oleja
- 2 čajové lyžičky talianskeho korenia
- ¼ šálky zelených olív zbavených kôstok a nasekaných
- ¼ šálky cherry paradajok, nakrájaných
- ¼ šálky čiernych olív, nasekaných
- 1 lyžica citrónovej kôry
- 2 lyžice citrónovej kôry
- Soľ a čierne korenie podľa chuti
- 2 lyžice nasekanej petržlenovej vňate
- 1 lyžica olivového oleja

Inštrukcie:

1. Rybu potrieme soľou, korením, talianskym korením a 2 lyžičkami olivového oleja, preložíme do zapekacej misy a zatiaľ necháme bokom.

2. Medzitým si v miske zmiešame paradajky so všetkými olivami, soľou, korením, citrónovou kôrou a citrónovou šťavou, petržlenovou vňaťou a 1 lyžicou oleja a všetko dobre premiešame.

3. Vložte rybu do rúry vyhriatej na 400 °F a pečte 12 minút.

4. Rybu rozdelíme na taniere, ozdobíme paradajkovou omáčkou a podávame.

Užite si to!

Výživa:kalórií 150, tuk 4, vláknina 2, sacharidy 1, bielkoviny 10

Sardinkový šalát

Je to výdatný a výživný zimný šalát, ktorý musíte čoskoro vyskúšať!

Čas prípravy: 10 minút

Čas varenia: 0 minút

Porcie: 1

Ingrediencie:

- 5 uncí konzervovaných sardiniek v oleji
- 1 lyžica citrónovej šťavy
- 1 malá uhorka, nakrájaná
- ½ lyžice horčice
- Soľ a čierne korenie podľa chuti

Inštrukcie:

1. Sardinky scedíme, dáme do misky a roztlačíme vidličkou.
2. Pridáme soľ, korenie, uhorku, citrónovú šťavu a horčicu, dobre premiešame a podávame studené.

Užite si to!

Výživa:kalórií 200, tuk 20, vláknina 1, sacharidy 0, bielkoviny 20

Talianske potešenie z mušlí

Je to špeciálne talianske potešenie! Podávajte toto úžasné jedlo svojej rodine!

Čas prípravy: 10 minút

Čas varenia: 10 minút

Porcie: 6

Ingrediencie:

- ½ šálky ghee
- 36 mušlí, trené
- 1 lyžička vločiek červenej papriky, drvené
- 1 lyžička nasekanej petržlenovej vňate
- 5 strúčikov cesnaku, mletého
- 1 lyžica oregana, sušené
- 2 šálky bieleho vína

Inštrukcie:

1. Zohrejte panvicu s ghee na strednom ohni, pridajte cesnak, premiešajte a varte 1 minútu.
2. Pridajte petržlenovú vňať, oregano, víno a vločky papriky a dobre premiešajte.
3. Pridajte mušle, premiešajte, prikryte a varte 10 minút.

4. Neotvorené mušle vyhoďte, mušle a ich zmes nalejte do
    misiek a podávajte.

Užite si to!

Výživa:kalórií 224, tuk 15, vláknina 2, sacharidy 3, bielkoviny 4

Oranžový glazovaný losos

Čoskoro to musíte vyskúšať! Je to vynikajúci recept na keto ryby!

Čas prípravy: 10 minút

Čas varenia: 10 minút

Porcie: 2

Ingrediencie:

- 2 citróny, nakrájané na plátky
- 1 libra divého lososa, zbavená kože a nakrájaná na kocky
- ¼ šálky balzamikového octu
- ¼ šálky šťavy z krvavého pomaranča
- 1 lyžička kokosového oleja
- 1/3 šálky pomarančovej marmelády, bez pridaného cukru

Inštrukcie:

1. Panvicu zohrejte na strednom ohni, pridajte ocot, pomarančovú šťavu a džem, dobre premiešajte, nechajte 1 minútu variť, znížte teplotu, varte, kým trochu nezhustne a odstavte z ohňa.

2. Poukladajte špízy z lososa a plátky citróna a potrite ich z jednej strany pomarančovou polevou.

3. Kuchynský gril potrieme kokosovým olejom a zohrejeme na strednom ohni.

4. Špízy z lososa položte na gril glazúrou nadol a pečte 4 minúty.

5. Špízy otočíme, potrieme zvyškom pomarančovej polevy a varíme ďalšie 4 minúty.

6. Ihneď podávajte.

Užite si to!

Výživa:kalórií 160, tuk 3, vláknina 2, sacharidy 1, bielkoviny 8

Lahodný tuniak a omáčka Chimichurri

Kto by nemiloval toto keto jedlo?

Čas prípravy: 10 minút

Čas varenia: 5 minút

Porcie: 4

Ingrediencie:

- ½ šálky nasekaného koriandra
- 1/3 šálky olivového oleja
- 2 polievkové lyžice olivového oleja
- 1 malá červená cibuľa, nakrájaná
- 3 lyžice balzamikového octu
- 2 lyžice nasekanej petržlenovej vňate
- 2 lyžice nasekanej bazalky
- 1 paprička jalapeňo, nasekaná
- 1 lb steak z tuniaka na sushi
- Soľ a čierne korenie podľa chuti
- 1 lyžička vločiek červenej papriky
- 1 lyžička tymiánu, nasekaného
- Štipka kajenského korenia
- 3 strúčiky cesnaku, mleté

- 2 avokáda, zbavené kôstok, ošúpané a nakrájané na plátky
- 6 uncí detskej rukoly

Inštrukcie:

1. V miske zmiešajte 1/3 šálky oleja s jalapeňom, octom, cibuľou, koriandrom, bazalkou, cesnakom, petržlenovou vňaťou, lupienkami korenia, tymianom, kajenským korením, soľou a korením, dobre prešľahajte a nechajte zatiaľ bokom.
2. Panvicu so zvyškom oleja rozohrejeme na stredne vysokej teplote, pridáme tuniaka, ochutíme soľou a korením, opekáme 2 minúty z každej strany, preložíme na dosku, necháme trochu vychladnúť a nakrájame.
3. Zmiešajte rukolu s polovicou zmesi chimichurri, ktorú ste pripravili, a prihoďte na obaľovanie.
4. Rukolu rozdeľte na taniere, ozdobte plátkami tuniaka, pokvapkajte zvyškom chimichurri omáčky a podávajte bokom s plátkami avokáda.

Užite si to!

Výživa:kalórií 186, tuk 3, vláknina 1, sacharidy 4, bielkoviny 20

Lososové kúsky a chilli omáčka

Toto je skvelá a super chutná kombinácia!

Čas prípravy: 10 minút

Čas varenia: 15 minút

Porcie: 6

Ingrediencie:

- 1 ¼ šálky kokosu, sušeného a nesladeného
- 1 libra lososa na kocky
- 1 vajce
- Soľ a čierne korenie
- 1 polievková lyžica vody
- 1/3 šálky kokosovej múky
- 3 lyžice kokosového oleja

Na omáčku:

- ¼ lyžičky agarového agaru
- 3 strúčiky cesnaku, mleté
- ¾ šálky vody
- 4 thajské červené chilli papričky, nasekané
- ¼ šálky balzamikového octu
- ½ šálky stévie

- Štipka soli

Inštrukcie:

1. V miske zmiešame múku so soľou a korením a premiešame.
2. V inej miske rozšľaháme vajíčko a 1 lyžicu vody.
3. Vložte kokos do tretej misky.
4. Kocky lososa namáčame v múke, vajci a potom v kokose a dáme na tanier.
5. Panvicu s kokosovým olejom rozohrejeme na stredne vysokú teplotu, pridáme kúsky lososa, opekáme 3 minúty z každej strany a preložíme na savý papier.
6. Zahrejte panvicu so ¾ šálky vody na vysokú teplotu, posypte agarovým agarom a priveďte do varu.
7. Varte 3 minúty a odstráňte z tepla.
8. V mixéri zmiešajte cesnak s čili, octom, stéviou a štipkou soli a dobre premiešajte.
9. Preložíme na malú panvicu a zohrejeme na stredne vysokej teplote.
10. Premiešame, pridáme agarovú zmes a varíme 3 minúty.
11. Kúsky lososa podávame s chilli omáčkou na boku.

Užite si to!

Výživa: kalórií 50, tuk 2, vláknina 0, sacharidy 4, bielkoviny 2

Írske mušle

Je to skvelý nápad na večeru!

Čas prípravy: 10 minút

Čas varenia: 10 minút

Porcie: 4

Ingrediencie:

- 2 libry mušlí, trené
- 3 unce slaniny
- 1 lyžica olivového oleja
- 3 lyžice prepusteného masla
- 2 strúčiky cesnaku, mleté
- 1 fľaša vylúhovaného jablčného muštu
- Soľ a čierne korenie podľa chuti
- Šťava z ½ citróna
- 1 malé zelené jablko, nakrájané
- 2 pramene tymianu, nasekané

Inštrukcie:

1. Panvicu s olejom rozohrejeme na stredne vysokej teplote, pridáme slaninu, opekáme 3 minúty a teplotu znížime na strednú.

2. Pridajte ghee, cesnak, soľ, korenie a šalotku, premiešajte a varte 3 minúty.

3. Znova zvýšte oheň, pridajte jablčný mušt, dobre premiešajte a varte 1 minútu.

4. Pridajte mušle a tymian, panvicu prikryte a duste 5 minút.

5. Odstráňte neotvorené mušle, pridajte citrónovú šťavu a kúsky jabĺk, premiešajte a rozdeľte do misiek.

6. Podávajte horúce.

Užite si to!

Výživa:kalórií 100, tuk 2, vláknina 1, sacharidy 1, bielkoviny 20

Pečené mušle a pečené hrozno

Špeciálna príležitosť si vyžaduje špeciálne jedlo! Vyskúšajte tieto keto mušle!

Čas prípravy: 5 minút

Čas varenia: 10 minút

Porcie: 4

Ingrediencie:

- 1 libra hrebenatky
- 3 polievkové lyžice olivového oleja
- 1 šalotka, nasekaná
- 3 strúčiky cesnaku, mleté
- 2 šálky špenátu
- 1 šálka kuracieho vývaru
- 1 hlava hlávkového šalátu romanesco
- 1 ½ šálky červeného hrozna, na polovicu
- ¼ šálky opečených a nasekaných vlašských orechov
- 1 polievková lyžica prepusteného masla
- Soľ a čierne korenie podľa chuti

Inštrukcie:

1. Vložte romanesco do kuchynského robota, rozmixujte a prenecte do misky.

2. Zohrejte panvicu s 2 lyžicami oleja na stredne vysokú teplotu, pridajte šalotku a cesnak, premiešajte a varte 1 minútu.

3. Pridajte romanesco, špenát a 1 šálku vývaru, premiešajte, povarte 3 minúty, rozmixujte ponorným mixérom a odstavte z ohňa.

4. Ďalšiu panvicu zohrejte na stredne vysokej teplote s 1 polievkovou lyžicou oleja a prepusteným maslom, pridajte mušle, dochuťte soľou a korením, povarte 2 minúty, otočte a opekajte ďalšiu 1 minútu.

5. Rozdeľte zmes Romanesco na taniere, pridajte zvlášť mušle, ozdobte vlašskými orechmi a hroznom a podávajte.

Užite si to!

Výživa:kalórií 300, tuk 12, vláknina 2, sacharidy 6, bielkoviny 20

Ustrice a Pico de Gallo

Je to chutné a veľmi chutné!

Čas prípravy: 10 minút

Čas varenia: 10 minút

Porcie: 6

Ingrediencie:

- 18 ustríc, trených
- Hrsť koriandra, nasekaného
- 2 paradajky, nakrájané
- 1 paprička jalapeňo, nasekaná
- ¼ šálky červenej cibule, nakrájanej nadrobno
- Soľ a čierne korenie podľa chuti
- ½ šálky syra Monterey Jack, strúhaného
- 2 limetky, nakrájané na mesiačiky
- Šťava z 1 limetky

Inštrukcie:

1. V miske zmiešajte cibuľu s jalapeňom, koriandrom, paradajkami, soľou, korením a limetkovou šťavou a dobre premiešajte.

2. Ustrice položte na predhriaty gril na stredne vysokú teplotu, prikryte gril a pečte 7 minút, kým sa neotvoria.

3. Otvorené ustrice preložíme na žiaruvzdorný tanier a neotvorené ustrice zlikvidujeme.

4. Ustrice prikryjeme syrom a dáme na 1 minútu na rozohriaty gril.

5. Ustrice poukladajte na servírovací tanier, každú ozdobte vopred pripravenou zmesou paradajok a podávajte bokom s kolieskami limetky.

Užite si to!

Výživa:kalórií 70, tuk 2, vláknina 0, sacharidy 1, bielkoviny 1

Grilované kalamáre a chutné guacamole

Chobotnica sa dokonale hodí k lahodnému guacamole!

Čas prípravy: 10 minút

Čas varenia: 10 minút

Porcie: 2

Ingrediencie:

- 2 stredné chobotnice, chápadlá oddelené a rúrky pozdĺžne narezané
- Kvapka olivového oleja
- Šťava z 1 limetky
- Soľ a čierne korenie podľa chuti

Pre guacamole:

- 2 avokáda, zbavené kôstok, olúpané a nakrájané
- Niekoľko prameňov koriandra, nasekaných
- 2 červené chilli papričky, nasekané
- 1 paradajka, nakrájaná
- 1 červená cibuľa, nakrájaná
- Šťava z 2 limetiek

Inštrukcie:

1. Chobotnicu a chápadlá chobotnice ochutíme soľou, korením, kvapkou olivového oleja a dobre premasírujeme.

2. Umiestnite na predhriaty gril na stredne vysokú teplotu ryhou stranou nadol a opekajte 2 minúty.

3. Otočte a varte ďalšie 2 minúty a preložte do misy.

4. Pridajte šťavu z 1 limetky, premiešajte a udržujte v teple.

5. Vložte avokádo do misky a roztlačte ho vidličkou.

6. Pridajte koriander, čili, paradajku, cibuľu a šťavu z 2 limetiek a všetko dobre premiešajte.

7. Kalamáry rozdelíme na taniere, ozdobíme guacamole a podávame.

Užite si to!

Výživa:kalórií 500, tuk 43, vláknina 6, sacharidy 7, bielkoviny 20

Krevetové a karfiolové potešenie

Vyzerá to dobre a chutí úžasne!

Čas prípravy: 10 minút

Čas varenia: 15 minút

Porcie: 2

Ingrediencie:

- 1 polievková lyžica prepusteného masla
- 1 hlávka karfiolu, kvety oddelené
- 1 libra kreviet, olúpaných a očistených
- ¼ šálky kokosového mlieka
- 8 uncí húb, nahrubo nasekaných
- Štipka chilli vločiek
- Soľ a čierne korenie podľa chuti
- 2 strúčiky cesnaku, mleté
- 4 plátky slaniny
- ½ šálky hovädzieho vývaru
- 1 lyžica jemne nasekanej petržlenovej vňate
- 1 lyžica nasekanej pažítky

Inštrukcie:

1. Zohrejte panvicu na stredne vysokú teplotu, pridajte slaninu, opečte dochrumkava, preložte na papierové utierky a nechajte bokom.

2. Zohrejte ďalšiu panvicu s 1 polievkovou lyžicou slaninového tuku na stredne vysokú teplotu, pridajte krevety, opečte 2 minúty na každej strane a presuňte do misy.

3. Zohrejte panvicu na strednom ohni, pridajte huby, premiešajte a varte 3-4 minúty.

4. Pridajte cesnak, vločky papriky, premiešajte a varte 1 minútu.

5. Pridáme hovädzí vývar, soľ, korenie a vrátime do panvice aj krevety.

6. Miešame, varíme, kým všetko trochu nezhustne, odstavíme z ohňa a udržiavame v teple.

7. Medzitým vložte karfiol do kuchynského robota a nakrájajte.

8. Vložte ju do vyhrievanej panvice na stredne vysokú teplotu, premiešajte a varte 5 minút.

9. Pridajte ghee a maslo, premiešajte a rozmixujte ponorným mixérom.

10. Pridajte soľ a korenie podľa chuti, premiešajte a rozdeľte do misiek.

11. Navrch posypte krevetovou zmesou a podávajte s petržlenovou vňaťou a pažítkou posypanou.

Užite si to!

Výživa:kalórií 245, tuk 7, vláknina 4, sacharidy 6, bielkoviny 20

Losos plnený krevetami

Čoskoro sa stane jedným z vašich obľúbených keto receptov!

Čas prípravy: 10 minút

Čas varenia: 25 minút

Porcie: 2

Ingrediencie:

- 2 filety z lososa
- Kvapka olivového oleja
- 5 uncí tigrích kreviet, olúpaných, očistených a nasekaných
- 6 nasekaných húb
- 3 zelené cibule, nakrájané
- 2 šálky špenátu
- ¼ šálky makadamových orechov, opečených a nasekaných
- Soľ a čierne korenie podľa chuti
- Štipka muškátového orieška
- ¼ šálky majonézy

Inštrukcie:

1. Zohrejte panvicu s olejom na stredne vysokej teplote, pridajte huby, cibuľu, soľ a korenie, premiešajte a varte 4 minúty.

2. Pridajte makadamové orechy, premiešajte a varte 2 minúty.

3. Pridajte špenát, premiešajte a varte 1 minútu.

4. Pridajte krevety, premiešajte a varte 1 minútu.

5. Odstavíme z ohňa, necháme pár minút bokom, pridáme majonézu a muškátový oriešok a dobre premiešame.

6. Do každého filetu lososa urobte pozdĺžny zárez, posypte soľou a korením, špenát a krevety rozdeľte na zárezy a poukladajte ich na pracovnú dosku.

7. Na stredne vysokej teplote rozohrejeme panvicu s trochou oleja, pridáme plneného lososa kožou nadol, opekáme 1 minútu, znížime teplotu, panvicu prikryjeme a varíme 8 minút.

8. Varte 3 minúty, rozdeľte na taniere a podávajte.

Užite si to!

Výživa:kalórií 430, tuk 30, vláknina 3, sacharidy 7, bielkoviny 50

Losos glazovaný horčicou

Toto je jedno z našich obľúbených jedál z keto lososa! Budete sa cítiť rovnako!

Čas prípravy: 10 minút

Čas varenia: 20 minút

Porcie: 1

Ingrediencie:

- 1 veľký filet z lososa
- Soľ a čierne korenie podľa chuti
- 2 polievkové lyžice horčice
- 1 lyžica kokosového oleja
- 1 lyžica javorového extraktu

Inštrukcie:

1. V miske zmiešame javorový extrakt s horčicou a dobre vyšľaháme.
2. Lososa osolíme, okoreníme a potrieme polovicou horčicovej zmesi
3. Zohrejte panvicu s olejom na stredne vysokú teplotu, položte lososa mäsom nadol a opekajte 5 minút.

4. Lososa potrieme zvyškom horčicovej zmesi, preložíme do zapekacej misy, dáme piecť na 425 stupňov a pečieme 15 minút.

5. Podávame s chutným prílohovým šalátom.

Užite si to!

Výživa: kalórií 240, tuk 7, vláknina 1, sacharidy 5, bielkoviny 23

Úžasné jedlo z lososa

Budete to robiť znova a znova!

Čas prípravy: 10 minút

Čas varenia: 15 minút

Porcie: 4

Ingrediencie:

- 3 šálky ľadovej vody
- 2 čajové lyžičky omáčky sriracha
- 4 lyžičky stévie
- 3 šalotky, nakrájané
- Soľ a čierne korenie podľa chuti
- 2 čajové lyžičky ľanového oleja
- 4 čajové lyžičky jablčného octu
- 3 lyžice avokádového oleja
- 4 stredne veľké filety z lososa
- 4 šálky detskej rukoly
- 2 šálky kapusty, nakrájanej nadrobno
- 1 ½ čajovej lyžičky jamajského korenia
- ¼ šálky pepitas, opečené
- 2 šálky melónovej reďkovky, julienned

Inštrukcie:

1. Vložte ľadovú vodu do misky, pridajte šalotku a nechajte bokom.
2. V inej miske zmiešame omáčku sriracha so stéviou a dobre premiešame.
3. Preneste 2 čajové lyžičky tejto zmesi do misky a zmiešajte s polovicou avokádového oleja, ľanovým olejom, octom, soľou a korením a dobre premiešajte.
4. Lososa posypeme korením na jerk, potrieme zmesou srirachy a stévie a dochutíme soľou a korením.
5. Zohrejte panvicu so zvyšným avokádovým olejom na stredne vysokú teplotu, pridajte lososa mäsom nadol, varte 4 minúty, otočte a varte ďalšie 4 minúty a rozdeľte na taniere.
6. V miske zmiešame reďkovky s kapustou a rukolou.
7. Pridajte soľ, korenie, srirachu a ocot a dobre premiešajte.
8. Pridajte to spolu s filetami lososa, pokvapkajte zvyšnou omáčkou sriracha a stéviou a ozdobte scedenými pepitami a cibuľkou.

Užite si to!

Výživa:kalórií 160, tuk 6, vláknina 1, sacharidy 1, bielkoviny 12

www.ingramcontent.com/pod-product-compliance
Lightning Source LLC
Chambersburg PA
CBHW051653060726
47593CB00021B/393